The Secret Of
Childhood

童年的秘密

〔意〕玛丽亚·蒙台梭利 ◎ 著　耿乐群 ◎ 译

Maria Montessori

中国华侨出版社

北 京

图书在版编目（CIP）数据

童年的秘密／（意）玛丽亚·蒙台梭利著；耿乐群译.
—北京：中国华侨出版社，2020.8
ISBN 978-7-5113-8239-9

Ⅰ.①童… Ⅱ.①玛… ②耿… Ⅲ.①早期教育—教育
理论 Ⅳ.①G610

中国版本图书馆 CIP 数据核字（2020）第 120519 号

童年的秘密

著　　者／	（意）玛丽亚·蒙台梭利
译　　者／	耿乐群
责任编辑／	江　冰
策　　划／	周耿茜
责任校对／	刘　坤
封面设计／	尚世视觉
经　　销／	新华书店
开　　本／	880 毫米×1230 毫米　1/32　印张/8　字数/158 千字
印　　刷／	三河市华润印刷有限公司
版　　次／	2020 年 9 月第 1 版　2020 年 9 月第 1 次印刷
书　　号／	ISBN 978-7-5113-8239-9
定　　价／	39.80 元

中国华侨出版社　北京市朝阳区西坝河东里 77 号楼底商 5 号　邮编：100028
法律顾问：陈鹰律师事务所
编辑部：（010）64443056　64443979
发行部：（010）64443051　传真：（010）64439708
网　　址：www.oveaschin.com
E - mail：oveaschin@sina.com

译者序

　　《童年的秘密》是一本风靡全球的儿童教育名著，是了解儿童发育和成长秘密的最佳著作。

　　作者玛丽亚·蒙台梭利是20世纪最伟大的教育家，她将一生都献给了儿童教育事业。她所独创的幼儿教育法在整个西方世界都极为盛行，对世界各国，尤其是欧美先进国家的教育水平和社会发展都产生了极大的影响，因此曾经三次被提名为"诺贝尔和平奖"候选人。

　　在本书中，蒙台梭利对儿童的生理和心理特征进行了生动的描述，对幼儿之谜进行探讨和答疑解惑，记录了她在学前儿童方面所取得的研究成果，让世人对儿童的潜能有所了解，并能了解儿童的发育和成长秘密。可以说，蒙台梭利创立的教育体系对世界产生了巨大的影响，会在很大程度上指导教师教学，更好地剖析儿童的心理状况。

　　儿童是自己的创造者，每个儿童所拥有的智力、感知力和纪律性都是成人难以想象的，这些能力都只会在特定的年龄段出现，当孩子一天天长大以后就会消失。成人要学习的是了解童年的秘密，用适合童年特质的方式来唤醒这些源自生命本能的巨大能量。而蒙台梭利站在一个医生、人类学家以及教育家的角度告诉我们，如何善待童年，如何培养自主、强大、智慧的生命。

本书共分为三个部分，分三十章来对有关孩子童年的各种现象进行描绘。

之所以选择翻译这本书，也是想让更多的人理解蒙台梭利，了解她的教育方法。但是，她的方法存在一定的局限性，因此我们在学习和借鉴她的教育理论方法的过程中，一定要结合儿童的实际情况，本着一切为了孩子的宗旨，取其精华，去其糟粕，锐意创新。

目录

第一部分

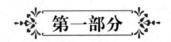

第一部分

第一章
儿童的世纪

最近几年，由于人们生活水平的普遍提高及人们在儿童教育与发展方面的意识逐渐觉醒，儿童教育与照管方面的工作取得了长足的进展。从 19 世纪末到现在，儿童健康问题渐渐成为人们关注的焦点，与此同时，人们也意识到个性发展在儿童发展方面的重要性。

现在，如果想在医学、社会学或者哲学研究领域有所建树，哪怕是在分支领域有所建树，就必须对与儿童生活相关的知识有所涉猎。举个例子，在对生物进化的初始阶段进行研究时，儿童生活方面的知识所能提供的帮助要远远大于胚胎学的基础知识。这些源于儿童生活的知识，在人类所能涉猎的各个领域所造成的影响，比我们想象得要广泛与深刻得多。

在儿童研究领域，作为被研究对象的儿童不仅是物质的，也是精神的，对人类的发展也能形成较强且非常有力的刺激。或许，借由儿童的心灵，我们能发现人类进步的真正隐秘；又或许，通过对儿童心灵的研究，人类文明会走上一条全新的发展道路。

"20 世纪将是儿童的世纪。"瑞典著名作家、诗人艾伦·凯①曾这样预言。类似的说法，历史上有不少。但凡有丰富阅读经历的人都知道，意大利国王维克托·伊曼纽尔三世在 1900 年，即 20 世纪第一年发表的个人演说中，曾明确提到，20 世纪是"儿童的世纪"，是一个全新的时代。

19 世纪的最后 10 年，科学领域的种种发展，也完美地印证了这一预言。彼时，人们终于发现，相比于成年人，儿童对传染病的抵抗能力更差，从死亡率方面看，两者相差至少十倍；除此之外，人们还发现，一所管理严苛的学校更容易让儿童受伤。

然而，所有人都未意识到，儿童身上还隐藏着一种与生命和心灵相关的生机勃勃的隐秘；这些隐秘一旦被揭开，成年人在社会中的一些社会问题和个人发展问题就能迎刃而解。这些隐秘，也奠定了儿童学这一学科的研究基础，因为有它存在，儿童学的社会影响力变得越发深远与广泛。

儿童与心理分析

在研究领域中，所有至今仍未被开发的学科，都能以心

---

① 瑞典作家，教育家，妇女运动活动家。

理分析为利器来开拓。借由心理分析，我们可以对潜藏在潜意识中的秘密进行深入的挖掘，但遗憾的是，面对生活中一些亟须解决的实际问题，心理分析能起到的作用却并不大。不过，这并不妨碍我们通过心理分析来了解儿童这一神秘的生命体。

过去，人们一直以为，意识层是心理学不可逾越的界限，现在，这一界限已经被心理分析突破。这就好像海格力斯石柱①，古希腊时代，人们认为石柱所在就是世界的终点所在，如今，这一结论早就被推翻。

如果心理分析学至今都未涉足浩如烟海的潜意识领域，那么，借由分析儿童的心理来深入研究与人相关的种种问题，就会成为一个不可能命题。

所有人都知道，起初，心理分析学只是医学的一个分支，常被应用在精神疾病的治疗方面。如今，心理分析领域确实有了重大的发现：人的行动是受潜意识支配的。通过对潜意识的深入探索和心理反应方面的一些研究，心理分析学家们发现了一种打破人类传统观念、作用至关重要的神秘因素。通过它，人们认识到了一个未知的、广阔的、与人类命运息息相关的世界。然而，对这个未知世界的探索仍处于相对初级的阶段。海格力斯石柱还没被逾越，浩瀚汪洋仍在远方。就像古希腊人曾经持有过的偏见那样，当心理分析方面的研究还不够广阔，弗

---

① 据说穿过海格力斯石柱就可以到达亚特兰蒂斯。

洛伊德的理论还没扩展到正常的临床病例实践研究方面，由此反而会被困锁在病理学研究领域之中。

19世纪的精神病学领域，夏尔科是当之无愧的领头人。在他主导的时代里，借由一些病情特别严重的精神病患者，人们发现并认识到仿佛火山内部、地壳里层翻腾活跃的岩浆一般活跃着的潜意识。人的潜意识与意识之间存在着一种非常奇妙的冲突，这种冲突被认为是"火山喷发"的征兆。弗洛伊德走在了所有人的前列，他用一种非常巧妙的方法进入了人的潜意识，可惜的是，除了患者的病理状态，他对其他东西都漠不关心。心理分析测试的过程是痛苦的，这就仿佛是在给心灵做手术，正常人有几个会乐于接受这种测试呢？因为弗洛伊德的心理分析理论是靠着对精神病患者的治疗实践推导衍生出来的，所以人们普遍认为，这一全新的学科的创建基础是临床的个人治疗实践。然而，弗洛伊德虽然看到了浩瀚汪洋，却没对它进行探索，在他眼中，这里不过就是个风暴频发的海峡。

正因为如此，弗洛伊德的理论是残缺的，他的精神治疗法效果差强人意、收效甚微。毫无疑问，社会上流传的古法和经验成了弗洛伊德研究的绊脚石。同样地，在对潜意识进行探索的时候，我们需要的知识会更多、更广泛，而不是仅仅局限于临床分析学和纯粹的理论推演。

童年的秘密

潜意识是个未知的、广阔的新领域，要对它进行探索，不仅需要借助其他科学分支，还需要以另外一些对人的起源进行研究的方法为依据。在我们尝试着研究儿童心灵对环境的种种反应，并希望借此来解释儿童心灵的发展时，却意外发现了当儿童心灵陷入黑暗、被扭曲后的种种内在矛盾与悲惨境遇，而这些更能进一步帮助我们从本质上认识"人"这种生物。

精神分析学最引人注目的发现之一就是，人还是婴儿时，精神疾病的种子或许就已经被种下。当已经被遗忘的一部分事情被从潜意识中唤醒，我们清晰地认识到，一些不为我们所知的痛苦正残害着我们的孩子。这是一个与我们以前的想法截然不同的、令人印象深刻且为之心绪难平的发现。儿童单纯的心灵正在慢慢被腐蚀，这种伤害不是一蹴而就的，它持续而缓慢。它是成年人罹患精神疾病的重要诱因，我们对此却一无所知。儿童的心灵是纯净的，之所以会受伤，原因就在于一些儿童自发的活动受到了对他拥有绝对支配权且影响最深的成年人——母亲的压抑。

我们应该从两个不同的层次着手对心理分析进行探究。一是浅层的探究，即对人的自然本能与他必须要去适应的环境之间的矛盾进行探究。因为要将一部分潜在的、会导致人不安的因素提升到意识的高度是很容易的事情。另一个是深层的探究，即对童年记忆的探究。这一层次存在的矛盾并非成年人与其所处的社会环境的矛盾，而是成年人与孩子之间的矛盾，或者更确切地说，是孩子与母亲之间的矛盾。

迄今为止，在心理分析领域，与这类矛盾相关的分析案例还非常少，正因为如此，解决矛盾就成了一件非常困难的事情。而且，在解决矛盾方面，人们至今为止也没做出什么努力，所以，这些矛盾到现在还被误认为是患病的征兆。

无论是心理疾病还是生理疾病，在治疗过程中，都不可避免地要考虑童年经历所造成的影响，现在这一点已经成了人们的共识。心理分析是不错的方法，除此之外，其他一些方法也很有必要被采用。所有能追溯至童年的疾病，基本上都是重症或难以治疗的。原因就在于，在还是个孩童的时候，成人的个性特征便已经被确定。

尽管针对不同的身体疾病，医学领域细分出了各种专科，如胎儿卫生、婴儿护理，等等，而且，儿童的身体健康也逐渐成为社会关注的焦点，然而，在心理学领域却并未出现类似的发展。虽然现在人们已经认识到，成年人之所以难以适应社会环境、之所以存在严重的心理障碍，根本原因还是童年的一些经历，可是却没有人尝试着去解决童年时代就存在的那些矛盾。

为什么不去尝试？大概是因为心理分析从本质上说其实是对人的潜意识进行探究的一种方法。尽管这种方法在治疗成年人疾病方面成就斐然，但事实证明，它不适用于儿童，甚至还会遭遇阻碍。换言之，利用这种方法，并不能让一个还处在童年时期的孩子去回忆童年发生的事情。因此，和儿童相处的时候，观察无疑是比探究更好的方式。不过，因为观察的目的是发现儿童与成年人、儿童与所处社会环境之间的矛盾，所以，这种观察必须要从心理角度切入。无论是从理论上还是从实践方法上，观察的方式与心理分析都是背道而驰的，这是一个全新的领域，这一点显而易见。

这种观察最主要的目的是了解现实生活对儿童心理的影响，而非探究心理方面的不健全。事实上，现实生活几乎涵盖了整个人生。人类还无法谱写出一部完整的心理探究史，换言之，还没有人对儿童的心理障碍做过阐述，也没有人对儿童与不理解他却比他强大且对他具有支配权的成年人之间的矛盾做过阐述；也没有人对儿童心灵所受的不为人知的创伤及他脆弱的心理遭受的侵扰做过阐述；更没有人对儿童无力实现的自然界期望他实现的目标和自卑情绪在潜意识中的发展历程做过阐述。

这个隶属心理分析领域的问题，虽然已被提出，但尚未被解决，因为疾病与疾病治疗才是心理分析的主要关注领域，因此，在儿童心理疾病的预防方面，它能起到的作用实在是微乎其微。但研究儿童心理却能为心理分析学提供有效的帮助，因为通常来说，这种研究对心理障碍的消除及预防可能导致精神疾病的矛盾的产生都极为有利，而这些，恰恰是心理分析最关注的。

由此，一个全新的、以科学的方法对儿童进行研究的学科正式成型。它和心理分析非常相似，却又有所区别。它关注的焦点不是病人，而是常人，它专注于儿童教育及心理层面的儿童成长。因此，它的主要目的是督促人们对迄今为止尚不为人知的儿童心理进行了解，唤醒成年人对儿童的关怀意识，让他们清楚地意识到他们之所以会以错误的态度对待孩子，是因为受到了自身潜意识的影响。

第二章
被控告的成年人

在对导致儿童心理紊乱的原因进行表述时，弗洛伊德选择了"压抑"这个词，其中深意不言而喻。

一个在成长过程中遭遇成年人压抑的孩子，会停止成长。可"成年人"的概念其实是非常抽象的。事实上，从社会的角度来看，每一个孩子都是孤岛；能够影响他的成年人，与他的关系必然是非常亲近的。一般说来，这个成年人最可能是他的母亲，其次是父亲，再次是老师。

成年人在社会生活中扮演着的角色是截然不同的：社会将教育儿童、帮助儿童成长发展的任务委托给他们。然而现在，在对人类心灵进行了深层次的探究后，情况出现转变，以前被誉为人类卫士、恩人的成年人成了被"控告"的对象。毫无疑问，每一个成年人，不管是父母、教师，还是孩子的法定监护人，无一例外，都应站上被告席，有义务赋予儿童幸福的社会也难辞其咎。诚然，这样的"控告"令人震惊，但震惊的同时，也给了人们不少启发，它神秘、庄严、令人敬畏，一如上帝的终审："你们对我托付给你们的孩子做了什么？"

面对"控告"，成年人的第一反应是自辩与反驳："我们已竭尽全力。我们深爱自己的孩子。为了孩子，即便牺牲自己，我们也心甘情愿。"所以，这两组概念本身就是对立与矛盾的。它们分别源自人的意识与潜意识。

事实上，人们已习惯了这种自辩，但对我们而言，这些毫无意义。我们关心的不是被告席上站着谁，而是被控告的这件事。被告们觉得，自己已经竭力照顾和教育自己的孩子。可和以前一样，他发现，自己陷入了如同迷宫般的广阔森林中，恍恍惚惚，不知前路，难寻出口，因为他根本就不明白自己为什么会迷路，也不明白，所有的错误其实都是他自己犯下的。

每一个致力于对儿童权利进行维护的人，都应该具备控告成年人的勇气，而且要持之以恒地坚持下去。

于是，这种控告就会变得有趣起来，因为被谴责、被控诉的，并非是偶发的错误，而是一种潜意识的过错。这种过错会让人脸上无光，因为它昭示着个人在某些方面的不成熟、不正确。借由这种控告，人们能更清晰地认识自己，进而提升自身的道德水准。确实，所有真正的进步都源于对过去未曾发现的事物的了解、认知与利用。

正因如此，在面对自身所犯的错误时，人们的态度常常是矛盾的。有意识的错误让所有人追悔痛苦，无意识的错误却只会让人迷茫。因为这种无意识的错误中隐藏着一个能令人超越已知的期许、最终实现自我提升的秘密。这就像中世纪因为个人荣誉受损而悍然发动挑战的骑士，在决斗之前，会拜倒在祭台前谦卑地承认："我有错，我是个罪人。"翻开《圣经》，一个又一个截然相反却同样有趣的例子呈现眼前。譬如，尼尼微①人为何会以约拿②为核心聚集？为什么上至国王，下至百姓，都希望成为约拿的附属？原因是，约拿告诉他们，如果他们不改变信仰，他们就是尼尼微破灭的帮凶。

诚然，这种精神层面的表现是非常奇怪的：人们群聚在一起，迫不及待地去聆听他人对自己的控告，而且，他们还十分赞同被告的观点，认为自己确实犯了错。事实上，旷日持久的控告和尖酸刻薄的言语恰恰是将潜藏在潜意识中的某些东西拉入意识层的有力工具。所以，精神发展的实质就是获得意识，并将以前一直游离在意识之外的东西在意识中呈现出来。事实上，正是这源源不断的新发现推动了文明的发展与进步。

如果以一种迥异于当前的态度去对待儿童，如果要帮助儿童摆脱所有会对其心理造成伤害的矛盾冲突，当务之急就是要进行一场变革，剧烈的变革。一切都会因变革而改变，但变革的进行，却要依赖成年人。虽然成年人宣称为了孩子，自己已竭尽全力，宣称自己深爱孩子，愿意为孩子做出自我牺牲，但

---

① 古代东方国家亚述的首都。
② 《圣经》中上帝的先知。

必须承认的是，他的确遇到了一个无法解决的难题。因此，他必须向存在于主观意识与认识之外的某些事物寻求帮助。

确实，对儿童，我们还有许多东西不了解。在儿童心理领域，我们懵懂无知却又必须要了解认知的东西还有很多。要对儿童进行发掘，这就是我们探索未知的全部动力。另外，虽然我们正以观察的方法，从心理与教育两个角度着手对儿童进行研究，但依旧有一部分成年人对儿童一无所知。所以，在对它进行探究的时候，我们必须怀抱着一种强烈的热忱与自我牺牲的情怀，一如那些为了找到被隐藏的黄金而远涉重洋、跋涉山岭的人。所有试图对儿童内心深藏的秘密进行探究的成年人都必须这样做。所有人，无论国籍，无论民族，无论地位，都需要共同去做这一件事，因为这意味着一种能促使人类道德进步的要素已经诞生。

成年人与儿童之间会产生层出不穷的矛盾，是因为成年人对儿童并不了解。要清除这种矛盾，单单提高成年人的文化水平、让成年人了解一些新知识是不够的，所有成年人都要明白，他们要做的，是找到属于自己的出发点。也就是说，成年人得发现并认识到自身所犯的无意识的错误，只有这样，才能真正了解儿童。如果做不到，就不可能对儿童做进一步的探究。

对自身的行为进行探究并没有想象的那么难，因为，哪怕是无意识的错误，也会造成伤害，会令人悲伤。谈到药，人消除疼痛的欲望会变得更强烈、更急切。手指关节脱位后，人们会迫切地希望将关节复位，因为不复位，疼痛就无法缓解，患者就无法用手工作。同理，只要意识到自己做得不对，他就会迫切地希望更正它、让它恢复原状，不然，长时间的怯懦与苦痛会让他崩溃。一旦正确的秩序被构建完成，所有困难便会迎刃而解。只要我们认识到我们有能力去完成一些事情，我们给自己加了太多的枷锁，那么，我们便会渴望去发现，而且能发现成年人心灵与儿童心灵之间截然不同的特质。

如此，在和孩子相处时，成年人就不会太自我、太自私、太自利。过去，他们无法理解孩子，顽固地用自己的眼光去看待孩子，正因为如此，在永远以自我为中心的成年人眼中，孩子的心灵是空白的，是需要被填塞充实的；孩子的精神是凌乱且缺乏指导的，需要他们持之以恒地去引导。总而言之，在孩子面前，成年人习惯性地充当了创造者的角色，并以自身与孩子关系的角度来判断孩子的好与坏。成年人将自己当成了试金石，自以为是地去评定孩子的善与恶。成年人是不会犯错的，孩子必须按照他给出的标准与模板来成长，稍有偏离，就是罪恶，就会被成年人训诫纠正。哪怕成年人之所以这么做，完全是出于对孩子的深爱和为孩子不惜一切的牺牲精神，可他的行为，哪怕是无意识的，也会对孩子个性的发展起到抑制作用。

第三章
生物学的间奏曲

在一份与生殖细胞分裂有关的学术报告中，胚胎领域专家、德国学者沃尔夫①向世人展示了活力生命发展与成长的全过程，并以实例的方式展现了在个体趋向某个既定的目标时精神因素发挥出超强的能量。以莱布尼茨②与斯帕兰扎尼③为代表的生物学家们认为：受精卵细胞中包含着成年人的终极形式，这一观点，被沃尔夫以实验的方式推翻了。同时代的哲学家觉得，受精卵细胞中有一个以一定比例缩小过的、还不算完美的生命体，如果环境适宜，人就能从中诞生。这一结论是通过观察植物的种子得出的。因为，有一株幼小的、有茎有叶的植物就存在于种子的双子叶之间。种子被埋入土壤后，这株幼小的植物随之

①　德国生理学家和胚胎学创始人。
②　德国哲学家、数学家。
③　意大利生理学大师。

生长、发育、长成。他们认为，同样的过程，也适用于人与动物。

但是，显微镜出现后，沃尔夫却通过它观察到了生命最真实的发展过程。他的第一个观察对象是鸟的胚胎，通过观察，他发现，它们是由单体的受精卵细胞发育而成。这种单细胞受精卵在显微镜下并未呈现出人们想象中的成鸟形态。它和其他所有的细胞一样，是由细胞膜、细胞壁、细胞核构成的。而且，所有生命体，无论动植物，都是从这些原始的、与其他细胞并无差别的受精卵细胞中诞生的。种子子叶之间的植物实际上只是源于原始果实生殖细胞的胚胎，被埋入土中后，胚胎得以继续发育。只是，在没有显微镜的时代，人们认识不到这一点。

尽管和其他细胞相比，生殖细胞有些特异之处，它会循着某个早已预定的进程迅速分裂发展，但在细胞身上，这一进程却没留下一丝物质层面的证据，尽管在这一细胞中存在着对细胞遗传特征具有决定作用的、体量极小的染色体。

如果我们对一个尚处于早期发育阶段的动物胚胎进行观察，就能看到原始细胞一分为二，继而二分为四，这种分裂会一直持续下去，直到细胞聚集形成的球体呈现中空状态，叫作"桑葚胚"。之后，球体继续内向折叠发育，形成另一个口部外张、有双层胚壁的球体，叫作"胚囊"。在细胞持续不断地退化与分裂中，相对比较复杂的肌肉、器官相继成型。事实上，生殖细胞的发育遵从的只是细胞本身隐藏的内在指令，而非服从于任何一个可视可见的设计方案。就仿佛一个接受了委托的忠实仆人，哪怕没有任何书面文件的指引与约束，他也知道自己该做什么、怎么去做，毕竟，主人的隐秘命令与书面文件本身就可能存在相悖之处。细胞是不知疲倦的，我们只能借由它已经完成的工作来窥探内在的工作进程。

包括人在内的所有哺乳动物的胚胎中，第一个出现的都是一个囊状器官，这是心脏的雏形。心脏的搏动遵从固定的节律，搏动的次数是母体的双倍。所有处于形成状态中的组织都以它为营养源。它搏动着，而且持续不断。胚胎发育的过程非常神奇，它是隐秘的，也是独立的，这一过程不啻创造。发育过程中，细胞经历了多次转化，却始终保持着零失误。部分细胞转化为软骨，部分细胞转化为皮肤，部分细胞转化为神经，它们功能各异、彼此独立。可是，这种创造始终是隐秘不显的。自然以一种不为人知的材料裹住了正在生长的胚胎，并在时机恰当的时候打开它，一个全新的生命就这样出现在了世界上。

然而，这个新诞生的生命却类似于生殖细胞，不单单是物质、是机体，还有着某一种被预先设定好的心理机能。除了器官的自我运转，这个全新的生命发挥其功能的方式还有不少，只是，这种发挥只存在于生命体中，单体的细胞是不行的。就像所有受精卵细胞都涵盖着机体的全部进程一般，无论新生的机体是何物种，都具备最原初的心灵本能，这种本能会增加其环境适应性。所有具备活力的生命，哪怕是昆虫那样的低等生命，也不例外。蜜蜂的生活环境和工作环境都很复杂，适应这种环境的蜜蜂，自然拥有着非同一般的本能，然而，这种本能只有成蜂才具备，幼蜂或蜂卵并不具备。幼鸟在未被孵化之前不具备飞行的本能。

事实上，新生命出生时，自然而然就具备了某种本能，这种本能非常神秘，它决定了生命的行为、特征和环境适应性。总而言之，外部环境被它影响了。外部环境对动物的影响有两方面：为动物提供基本的生存手段；对动物独有的某种特性进行刺激。换言之，让它以自身独有的方式为世界的和谐、自然的普性守恒献出一份力量。所有动物都能寻找到最适宜自身生存的环境，所有动物都有独属于自身的机体特征，自然界因为它们的与众不同而不断被完善。所有动物出生的时候，它在宇宙中的地位就已经被确定。我们都知道，羔羊是温顺的，幼狮是暴烈的，蚂蚁始终忙忙碌碌，蝉一生都在孤独地吟唱。

新生的婴儿和其他的低等动物一样，也具备独特的心理潜能。如果觉得人的心理活动远比其他生物丰富，所以无须经历心理发展的全过程，实在是大错特错。凶残是动物的本能，这种本能是显性的，通过动物的行为活动就能立即发现，儿童的心理却是隐性的，深藏不露，很难在短时间内发现。因为那种普遍存在于非理性生物身上的先天本能并不能支配儿童，这就意味着他有着高度的行动自由。在这种自由的主导下，所有个体的特性部分都被要求精心制作，这是一件做工困难、精雕细琢的作品，也是一件个性鲜明、隐秘莫测的作品。因此，随着儿童心理的不断成熟与发展，其中隐藏的某种无法被探究的秘密会渐渐显现。就像遵循着某种不为人知的预定模式发展的生殖细胞一样，这个秘密只在发展过程中显现。

正因为如此，我们才将儿童认定为"人的自然模式"。然而，每一个初生的生命都是娇嫩的，儿童也不例外。所以，他的精神需要用一种适宜的环境来保护，就像胚胎需要膜的包裹一样。

第四章
新生儿

陌生的环境

婴儿出生时所处的环境并非自然的，而是超自然的，是人类为了寻求安逸，用文明缔造出的、与自然背道而驰的环境。

处在两种环境过渡状态下的新生儿，必须竭尽全力去适应，人们需要用照管的方式来帮助他，那么，如何帮助呢？出生前后巨大的环境转变要求我们对待新生儿时一定要秉持科学的态度，因为出生时经历的矛盾、痛苦、挣扎是人生命中最剧烈的一次。这是一个值得深入探究的阶段，可迄今为止，它仍未被纳入研究范围。人类文明史上本应存在着"初生的人并未得到文明人的任何帮助"的记载，但事实上并没有。

相反，绝大多数人都认为：新生儿得到了文明社会的深切关怀。

然而，这是怎样一种关怀呢？

新生儿降生时，他经历了分娩之痛的母亲被所有人关心着。新生儿就不痛苦吗？母亲需要由专人来护理，新生儿就不需要吗？母亲太累了，她精神不济，需要休息，所以，她能待在宁静舒适、光线柔暗的房间。可是新生儿呢？他是在一个没有声音、没有光亮、没有伤害、没有温度变化、绝对宁静、液态的环境中成长起来的，他也需要好好休息，也需要一个宁静舒适、光线柔暗的环境。突然之间，这个幽静的"家"的环境发生了变化，他裸露在外的娇嫩的身体便触碰了粗糙的事物，那些人却还在无情地用手逗弄他、抚摸他。

实际上，新生儿太娇嫩了，以致家里人都没有勇气去碰他。母亲和其他亲戚都用担忧的目光注视着他，直到他被托付给部分"经验丰富"的人照顾。但是，被委托之人经常并不适合做照料婴儿这样精细的工作。只用强有力的臂膀把婴儿牢牢抱住还远远不够，还要使用正确的姿势。

护士在接受委托，去照顾某个病人或者受伤的成年人之前，要学会如何正确移动病人，如何包扎伤口，如何实施救护，以免引起过度疼痛。可是，新生儿却得不到这种细致的照料。新生儿被医生粗暴地拎起，他绝望地哭泣，人们却为听到他发声而露出满意的微笑。在他们看来，让新生儿哭是很有必要的。哭泣，是婴儿的话语。眼泪能洗涤他的双眸，并让他的肺部扩张。

刚刚出生，在母体中一直保持着蜷曲姿态的新生儿就被穿上衣服，拉直身体，裹进襁褓中，襁褓紧紧的，被束缚的幼小生命就仿佛打了石膏，动一下都很困难。事实上，衣服对新生儿来说并不是必需品，出生三十天内都是如此。之后，襁褓会被轻柔薄软的衣裳取代。

在许多绘画作品中，新生儿都是裸露的，这是很好的状态。诚然，新生儿有保暖方面的需求，然而，他寻求的温暖，不应来自衣服，而应来自外部的环境。衣服最主要的作用是防止新生儿体内的热量散失，而不是为他提供热量。如果室内很温暖，衣服反而会成为婴儿身体与暖热空气之间的阻碍。动物照管幼崽时的一些行为能为此提供例证。母亲们会用自己的身体温暖幼崽，就像在孵化期时一样，哪怕幼崽已经长出了皮毛。

关于漠视新生儿的种种现象，我们无须再讨论下去了。我敢说，若是有机会，美国的父母们肯定会向我标榜他们多么关心自己的孩子。英国、德国的父母则会一脸好奇地询问：在照顾孩子方面，他们取得进展了吗？你知不知道具体情况？事实上，在关注新生儿方面，我们的确取得了一些进展，在国内，我深切地感受到了这一点，可我依旧要说，世界上所有国家都不知道什么才是新生儿的真正需求。

如果发现了过去没发现的事物，做了过去觉得无须去做或做不到的事情就是进步的话，那么，我得承认：即便在关心新生儿方面，我们做了很多努力，但这种努力还不够。所有人都该对新生儿抱持怜悯之心，无论他身处何方。

在此，我得强调一点：从孩子降生并融入我们之中的那一刻起，他就成了我们提防的对象，不管我们有多爱他。贪婪是一种本能，它促使我们去维护所有属于我们的东西，即便它毫无价值。譬如，为了防止孩子弄脏床垫，我们会先在床垫上铺一层不透水的床罩，再把孩子放上去。自从孩子出生，一种具有主导作用的思想就在成年人脑中挥之不去："警惕这个孩子，不要让他把东西弄脏，别让他讨人嫌，警惕他，看住他！"

我觉得，如果人们能多了解儿童一下，一定能找到更好的方法来照管他们。然而，照顾好新生儿，并不仅仅意味着让他们活着和远离传染病，还要帮助他们从心理上彻底适应外部环境。实验表明，这种准备措施很有必要，父母们应该在这方面得到指导。

经济条件好的父母为他们的孩子准备了富丽的摇篮和带花边的考究服饰，这是非常奢侈的。然而，要按这样的标准，如果现在依然流行鞭刑，他们也许会更想看到用配有金把手的鞭子来行刑。不过这种奢侈却恰恰表明，父母并没把孩子的心理健康问题放在心上。优渥的环境应当是孩子幸福的有力保证，而非仅仅为他们提供一个奢侈的外部环境。对孩子而言，像部分歌剧院一般，宁静的、平和的、感受不到街道的纷乱嘈杂、光线和温度适宜且可调节的环境，才是最好的环境。

新生儿和他的母亲都很孱弱。看到他平安降生，我们会下意识地感到欢喜，从某种程度来说，这种欢喜中伴随着解脱，瞧，他终于渡过了死亡危险。但事实上，这时候，新生儿或许更需要帮助，他可能正面临着窒息的风险，也可能面临着止血机能不健全带来的皮下出血症状。诚然，新生儿是脆弱的，但他与成年病患有着明显的不同。新生儿要做的是尽快适应新的、陌生的环境和人，他需要这方面的帮助，像帮助病患一样帮助他是非常错误的。

新生儿并不需要我们的怜悯，他有自己的心理活动，他不该被我们限定在一个能感知的狭小范围内。

我以前看到过一个孩子，他被放入水桶中，差点溺毙。突如其来的下沉让他双目瞪大，小手小脚情不自禁地外伸，仿佛下沉让他十分惊讶。这是他平生第一次感受到恐惧。

我们触碰新生儿和移动新生儿时，总会产生一种十分微妙的情感，就仿佛祭台前端立的牧师。四周一片岑寂，一线柔和的光芒透过彩窗照破黑暗，牧师置身其中、虔诚地主持着祈祷，他的动作审慎持重，双手圣洁光明，一种高尚的、满怀希望的情感充斥整个场所。这才是最适宜新生儿的生活环境。

照料孩子和照料母亲是不同的，将两者进行比较，再想象一下如果像照管孩子那样照管母亲会是什么样，那我们很快就会发现，我们用错了方法。

为了给母亲提供一个安静的休养环境，我们抱走了新生的孩子，只让他们在需要喂奶的时候接触。新生儿被穿上带花边、带丝饰的漂亮服装，这让他既紧张又忐忑。这样做，无异于要求一个刚刚分娩的母亲马上起床、一身盛装去赴宴。

人们经常把新生儿抱出摇篮，放在肩头，又很随便地放到母亲身旁，丝毫不考虑他的感觉，但同样的疲惫，在他母亲身上却绝不会发生。还有一些人强烈争辩，说新生儿感受不到欢乐，也不知道什么是痛苦，所以完全没必要太过小心地照料他，那看上去很愚蠢。

如果被过分小心地照顾着的是生命垂危或者昏迷不醒的成年人，我们又要如何想？一般情况下，我们会认为他急需的并不是情感上的关怀，而是身体上的照料，对新生儿，我们也抱持着同样的看法，这是错误的，可我们却觉得，这并非不可行。

对人生最初的阶段，我们不仅缺乏深入的研究，而且从未意识到它到底有多重要。现在我们已经知道，新生儿降生后首月压抑痛苦的经历，给他未来的人生带来的影响是非常深刻的。可是，如果我们能发现潜藏在儿童身上的人最原初的本质，就能在他身上看到整个种族未来的幸福。

我们之所以会以漠然的态度对待新生儿，是因为他们身上属于人的特性还没显露。尽管他拥有着创造一个更美丽、更完好的世界的潜能，但当他第一次来到我们中间时，我们依旧会不知所措。

在福音书的序言中，圣约翰说："他降临于世，他构建了这个世界，但世界对他一无所知，他成为自己，却又拒绝接待自己。"从某种程度来说，这话恰是新生儿现实境况的写照。

第五章
天赋本能

在哺乳期，高等哺乳动物会本能地去照料它们的后代，即便那会让它异常疲惫。这种本能的关怀，从家猫身上就能看出来：它以最快的速度将新出生的小猫藏到黑黢黢且隐蔽的地方，小心翼翼地关注照料着它们，希望它们不被人发现，但不久之后，它又会带着活力十足、外貌漂亮的幼猫们出来，让它们跟随在它身边。

野生动物对后代更加关切。绝大多数野生动物都是群居，而且规模不小。母兽要分娩时，会自觉离开族群，寻找另外一个隐蔽的场所。幼崽出生两三周，甚至一个月后，母亲才会带着它们回到族群聚居地。回归时间的长短，因物种而异。离群期间，母兽不仅要哺育儿女，还要给它们提供必要的帮助，将它们隐藏在光线柔和、噪声小而且隐蔽的地方，以防它们被噪声及强光骚扰。尽管幼崽们发育十分健全，天生就具备很强的能力，不久就能站立、行走、奔跑，母兽却依旧无微不至地照顾着它们，让它们远离族群，直到它们适应了新环境，得到更强大的力量，母兽才会带着它们回到族群，和其他与它们有着亲缘关系的同类生活在一起。

高等动物有着近乎相同的母性本能，它们会以令人感动的方式照料自己的后代，无论是野猪、野牛、野狼，还是野马和老虎。

小犊①出生后，母亲会立即将它带离族群，几周后再返回，其间，母亲会十分细心地照料它。它冷了，母亲会用前腿紧紧拥抱它；它把自己弄脏了，母亲会用舌头帮它清洁；它饿了，母亲会给它喂奶，为了让它吃起来更方便，母亲甚至会蜷曲起一条腿，只用三条腿站立。回到族群后，母犊对小犊的照顾依旧无微不至。我们知道，所有四足的哺乳动物几乎都这样。

有些时候，一个偏僻的地方并不能满足母兽的生产需求，它们不辞辛苦，唯一的目的就是为幼崽寻找一个隐蔽的生存环境。譬如，母狼分娩前，会在密林中寻找一处偏僻且不易被发现的山洞作为栖身之所。要是找不到，它会选择在空心树洞中筑巢，或者用爪子挖一个地洞，并在洞中铺满自己胸部拔落的毛发。这样做不仅能保护幼崽，为幼崽营造一个温暖的环境，还有利于母亲的哺乳。母狼一胎能生六七只狼崽，刚出生时，小狼双眼紧闭，耳无听力，这段时间，母亲会把它们藏得严严

---

① 犊，生存在北美洲的一种野牛。

实实的，还会寸步不离地守着它们。

在幼崽诞生的初期，每一个母亲都会小心翼翼地守护着自己的幼崽，所有试图靠近幼崽的人或动物都会受到它们的攻击。然而，在家畜身上，我们却很难看到这种源自本能的母性。家养的母猪甚至会吃掉自己刚生下的小猪崽。与之相反的是，雌性野猪非常的温柔，它们是世界上最感性的母亲。被囚困在笼中、一直被动物园饲养的母狮子、母老虎也吞食过自己的幼崽。这意味着，唯有在无人束缚的野生环境中，动物保护幼崽的本能才会正常延续发展。

从哺乳动物本能的母性可以看出：幼崽初次与外部环境接触时，需要得到一些帮助；从出生到各种身体本能复苏的重要时期，幼崽需要离群、需要休养、需要被照料、保护、喂食，这一时期，一般要持续数月。

母亲心甘情愿地陪伴着它的孩子，在孤独偏远的新巢，等待孩子苏醒各种天赋能力，凭着这些种族天赋，它才能顺利融入族群，成为族群中新的一员。这种情况，只有在宁静且光线柔和的环境下才会发生。在被哺乳的这段时间，幼崽会得到母亲温柔的关怀、慈爱的训练及各种照顾，直到它们浑身清爽地回归族群。一头小马驹在学会站立时，辨别并跟随它的母亲。它的腿脚变得更有力，外形也与马更为相似。这是遗传特性显露的自然过程。然而，在它变成一匹真正的小马之前，任何接近它的行为，都会遭到它母亲的阻挠。同理，母猫也不允许别人探查它的幼崽，除非它们已睁开双眼、能跑会跳，真正长成了小猫。

很显然，大自然对动物的发展是十分关切的。母亲不仅时刻关注着孩子的生理需求，还竭尽全力在激发它们的潜能。同样的道理，在照料新生儿时，我们不仅要关心他的身体健康，他的心理健康也是不容忽视的。

第六章
心灵的胚胎

实 体 化

实体化,是基督教诸多深奥隐秘中的一个:"圣经融入我们之中、它有了自己的肉体。"所有婴儿初生时,我们都能从中发现一种与之相似的秘密,与此同时,一种寄寓在身体中的精神能量也随之显现。

新生儿是一个鲜活的有机体,我们不能只把他简单地视作器官与组织的混合体。他是复杂的生物,他的复杂本身就非常值得探究。

在照料新生儿时,我们不应该忽视他的心理活动。如果从出生起,他就有自己的心理活动,那随着他的成长,这种心理活动又会如何衍变呢?如果在我们的意识中,教育一词对应的不是智力的开发，而是心理的开发，那么我们可以毫不犹豫地说，教育从婴儿出生时就已经开始了。

今天，通过对潜意识与意识的活动进行区分，我们已经发现，新生儿出生时就已经有明确心理活动了。必须得承认的是，无论是从身体发展的角度来看，还是从心理活动发挥的角度来看，孩子的天赋本能都能起到有益的作用。这种作用，在非理性的、不同的物种身上，呈现出不同的特征。从运动方面来说，在所有物种中，幼儿的表现是非常迟缓的。初生时，他几乎不会运动，哪怕他的器官对光、声和触摸已能做出反应。

相比于其他生物的幼崽，新生的孩童更让人怜悯。在相当长的一段时间内，他都是孤独、孱弱且无法自助的。他说不了话，走不了路，需要别人时时留心照顾。半年后，通过努力，他终于能够发声了，但在相当长的时间里，除了喊叫，他发出的唯一声音就是哭声，哭声让他更容易得到人的帮助。之后，经过数月、一年，甚至更漫长的岁月，他才学会站立、学会走路。又过去很长时间，他才能真正学会说话。

"实体化"是一种非常神秘的存在，它为新生儿注入一股生命的活力，赋予孤独、孱弱的他行走、站立、言语、逐步成长的力量，如果这种理解成立的话，那么，我们完全可以说，"实体化"实际上就是儿童的生理与心理发展的过程。

需要注意的一点是，在很长一段时间里，婴儿都非常的弱小和无助。其他哺乳动物的幼崽几乎在刚出生的时候就会站立和行走，找到自己的妈妈，并能够不太完美地、微弱地运用本物种特有的语言，比如小猫会喵喵叫，小羊会咩咩叫，小马会嘶鸣。不过，虽然它们可以发出声音，但通常它们会保持安静，而幼崽们的哀号和悲鸣并没有给世界造成非常严重的干扰。它们在成长过程中几乎没有遇到什么困难，而且体内也有决定其日后行为的本能。

众所周知，小老虎奔跑的时候会伴随着跳跃的动作，小山羊是蹦着站起来的。其实，每个动物天生都会自带"特异功能"，这种功能和普通的生理器官功能大不相同，充斥在日常生活中的各个活动里。这些功能会表现在动物的外形特征上，也会更加稳定而明显地表现在动物物种特征上。

动物们的物种特征比它们的植物性机能①要优越许多，通常情况下，这种现象被称为"心理特征"。这种特征在动物世界里很普遍，那为什么我们无法在新生儿身上发现类似的特征呢？

有一种理论认为，动物经过漫长的时间，自然而然积累了许多经验，然后这些经验代代相传，最终变成稳定的遗传特征。可是相比之下，人类逐代相传的遗传特征却无法像动物那样快速地体现出来。人类已经熟练掌握直立行走和用语言沟通很久了，应该造福于自己的后代，为后代创造更多的机会。人类具有更加高级的精神生活，却比其他动物缺少了完整的心理发展

---

① 与动物性机能相对的一个生理学名词，是营养、生长、生殖等整个生物界都存在的生物体机能的总称。

模式，这种想法是非常愚蠢的。

一定有什么东西隐藏在这种明显的表面矛盾背后。动物的本能总是能够轻易显现出来，相比之下，人类的心里隐藏得比较深。实际上，儿童除了受到固定不变的阻挠，本能的限制，也有一种与生俱来的行动上的自由和自主。通过下面这个事例，我们可以进行说明：人类制造出各种东西供给自己使用，有一些是用机器批量、快速生产出来的，还有一些是用手工慢慢制作出来的。每一件手工产品都不一样，其价值体现在它们受到制作者的直接影响。比如，有的产品能够体现出刺绣工熟练的工艺，还有的产品能够体现出伟大艺术家的天才特质。

将这种对比扩展到生物领域，我们可以说，动物与人最大的不同之处是：动物仿佛机械量产的产品，所有个体都具有鲜明的物种特征；人则仿佛手工制品，各有差异，所有人都有将自身缔造为工艺品的创造性。然而，在内在工作完成前，结果是不会外显的，所以，那是一个全新的、正处在积极创造过程中的造物，而非一件复制品那么简单。当这一造物最终成型并外显时，所有人都会为他的不可思议而惊叹。就像艺术家在自己的私密画室中保存的一件杰作，他会在上面倾注自己所有的心血，再将其公之于众。

人类个性的形成就是"实体化"的秘密工作。儿童就是一个神奇的谜，我们知道他拥有巨大的潜能，却不知道他会成为什么样的人，他必须借助自身的意愿实现"实体化"。

通常，人们都认为，运动器官的复合形成了人体。从生理学上看，随意肌的复合形成了人体。肌如其名，它们是意志的驱动体。这一事实为运动与心理之间密不可分的关系提供了强有力的证明。然而，如果失去了器官与工具的辅助，意志也同样什么都做不了。甚至每一种动物，哪怕低等如昆虫，虽然也有本能，却因为缺乏运动器官而无法传达这种本能。人是最高等的动物，肌肉繁多复杂，临床解剖专业的学生们大都感慨："只有认认真真地研究七遍，才能把所有的肌肉都记住。"不同类型的肌肉通过协同完成着各种复杂的动作。它们有时协同，有时对抗，有时主动，有时被动。

抑制与驱动总是相伴而生，抑制总被驱动纠正。这才是真正的交互，诸多肌肉通过协同完成最复杂的动作。譬如，演员的杂技表演，又譬如小提琴演奏家入微级别的提琴演奏。动作的每一次转换与调整都要求肌肉的协同，就仿佛一支军队，每块肌肉都是其中一员，都要发挥自己的作用，以求完美。

但是，人们其实对人类发展的内在值并不是十分有信心，因为它是儿童身上存在的一种个人的能量。儿童的精神生活是优先和独立的，给外部活动赋予生机。

觉得儿童无法站立或坐下是因为他的肌肉缺乏力量，或者觉得人缺乏必要的运动协调能力，都是非常荒谬的。所有新生儿都能完成推拉动作，这足以表明，他的肌肉很有力量。至于协调力，还有什么能比协调吞咽和吸吮两个动作更困难的呢？但是在其他动作能力上，人类的孩子并没有与生俱来的高难度的本能，他们在这方面不具有优势。肌肉在逐渐强壮的同时，也在等待着意志的指令，以便协调工作。儿童既是作为人类物种的一员在成长，也是作为一个人在成长。他最后学会说话和直立行走，也会显示出自己的个性。

动物在长大之后会变成什么样子，我们都十分清楚。雏鹿能轻盈便捷地奔跑行走；小象走起路来迟缓而笨重；幼虎凶悍、牙齿锋利；雏兔悠然地在一片绿色的田野中寻觅食物。

人可以做所有的事。外在的孤单、孱弱只是属于他的个体特征。终有一天，他模糊的嗓音会变得清晰，但我们不清楚他会说什么，他所有的语言都源自模仿，对周围所有人的模仿，他努力尝试着，从字节到单词。他会在属于他的成长环境中完善自己的每一项本能。所以，从一定程度上说，每一个儿童都是自身的创造者。

孩童出生时孤独脆弱的状态一直是哲学家们最感兴趣的研究课题，但哪怕是现在，医生、教师对此也没有什么研究的兴致。人们都对婴儿的状态习以为常，并不觉得有什么特别重要的地方。

不管怎么说，这样的态度都对孩子们的精神生活造成了危害，它让人们觉得婴儿不但肌体不够活跃，自身也十分柔弱，没有活力，连自己的精神生活都没有。成年人也因此产生了错误的想法：经过他们的照料和帮助，儿童才会充满活力。在成年人看来，这种帮助是一种个人的责任，自己就是儿童的塑造者和精神生活的建构者。在他们看来，儿童的情感、智力和意志以至于创造性的工作是从外部完成的，是由自己给予儿童的指导和建议来实现的。

成年人相信《创世记》的表述，认为"我能以我的想象为凭来创造人类"，他们觉得自己是儿童的神，声称自己有近神的力量，于是，他们鲁莽地去打断，殊不知，他们这种自以为能将上帝替代的想法，正是后代子孙痛苦的根源。

但是，真正高明的力量是儿童内在已经拥有发展自身个性的方法，拥有一套能够被观察到的发展计划和成长法则。成年人的妄加干涉，只会对这些神秘力量造成阻碍。自古以来，人类通过对这些自然法则的干扰，给儿童的天赐成长计划造成了阻碍，于是，上帝为人类自身发展制定的规划也受到了阻碍。

人类没有意识到儿童拥有活跃的精神生活，这是他们面临的最大问题之一。但是儿童又没有办法来证明这个事实，于是他们需要用很长的时间才能秘密完善这种内心生活。

儿童就像一个身处黑暗地牢里的灵魂，想要努力走向光明。它要出生和成长，缓慢而坚定地给发展迟缓的躯体注入了活力，用意志的声音把躯体唤醒。可是有一个力量强大的人自始至终站在一旁，等着扑向这个灵魂，把它粉碎。

没有人对"灵性实体化"充满期待，甚至没有人对此有所了解，因此人们并没有为"灵性实体化"做好准备，相反，这个过程中障碍重重。

实际上，处在实体化阶段的儿童就仿佛一个胚胎，它需要一个与众不同的孕育环境，就像未成型的婴儿需要在母亲的子宫中成长一样，精神的胚胎要孕育、成长也需要一个被爱与温暖包围、营养丰富且永无伤害的环境。

当成年人认识到的时候，他们一定会以另一种态度来面对儿童，将儿童视作正处于实体化状态的精神生命。这些，不仅给予我们以激励，亦给予我们以责任。当我们怀抱着无尽的关切注视着那仿佛玩具般幼弱却充满魅力的儿童时，才能体会到朱维诺尔——一位古罗马诗人——那句"应向儿童献上最崇高的敬意"到底有何深意。

儿童的"灵性实体化"的实现，需要付出不为人知的艰苦努力。关于儿童的这种创造性努力，值得书写的还有很多。

其他生物不会为了尚不存在的东西而付出辛苦和劳累，也无法体验到向懒惰的身体机能发出指令，让它们恢复活力，有序运转的微妙。在无意之中，儿童就能通过感官和他身边的环境建立联系，并通过机体动作主动和环境接触，以达到不断尝试和实现自我的目的。

个体与他所处的环境，或者说是精神胚胎与他所处的环境，恰是以这种方式来彼此影响的，个体的塑造与完善，全都由自己来完成。

这种发展是缓慢的、渐进的，借由这种发展，人才能顺利掌控各种工具。在此期间，为了维持心灵的力量，让它始终充满活力，不至于变得呆板僵硬，必须保持心灵的警惕性，并让它不断地发布指令，以免非本能活动退化而引起混乱。实体化本身就是一项永不终止的工作，为了防止它因混乱而意外终止，我们必须努力让心灵更有活力。

所以，就像人通过努力从胚胎成长为儿童，又从儿童成长为成年人一样，个性的发展也离不开个人的努力。

在儿女生命形成的过程中，父母都做了哪些贡献呢？他们各提供了一个细胞，还为孕育小生命的受精卵提供了适当的生存环境。说孩子是父母创造的，大错特错，相反，成年人应该以儿童为父。

我们应该把寄寓在儿童身上的神秘伟力视作神圣，并竭力展现，因为这是一个具有创造性的时期，因为它决定着人未来的个性。

正因为如此，我们必须抱着严谨的科学态度，对儿童心理进行研究，并为这种研究提供一个恰当的环境。

目前，我们正处于这门科学的初始阶段，只要我们可以专心研究，为之付出努力，就一定能够推动这门科学的发展，并通过它了解人类发展的秘密。

第七章
儿童心理发展

敏　感　期

就算是最小的婴儿，在我们还没有讨论他的外部表现之前，他的心理发展已经有感知觉启动。

这种发展，例如说话，进行得十分隐秘。认为婴儿没有语言发展的想法是错误的，同样错误的想法还有，婴儿已经在内心具备了说话的能力，只是外部器官还不具备将它完善地表达出来的能力。婴儿身上的确有一种习得语言的天性，这种天赋存在于他的心理生活的各个方面。婴儿有一种创造性的、积极、活跃的本能，靠着这种本能，婴儿能够在自己所处的环境中构建起精神世界。

从这个角度来说，敏感期的发现与特殊兴趣的发展联系十分密切。

谈及意识的发展，我们能够说明的事实只有一个，起码，从表面来看，它显而易见。对它的内部机制，以前我们懵懂无知，最近才稍稍有所了解。现在，科学领域用于解析这种内部机制的方式有两种：一是对影响身体发育的内分泌腺进行研究。这种研究是直接的，它引发了一股广泛的风潮，在儿童健康的发展方面也产生了巨大的实质化影响。二是对敏感期进行研究。借由这种研究，在儿童心理方面，我们的认知越发广泛而深刻。

通过对部分动物进行研究观察，德·佛利斯①，一位荷兰籍的科学家，发现了敏感期的存在。通过对儿童家庭生活的观察，我们也发现了儿童敏感期的存在，并在教育领域对这一发现做了推广与运用。

和其他敏感期相同，这种存在时间非常短暂、仅以得到某种明确的特性为目标的敏感性在生物发展过程中是可寻觅的。一旦目标达成，敏感性就会随之消弭。所以，所有特性的获得都需要一个被刺激的过程，只有在特定的发展阶段，敏感性才会短暂出现，换句话说，就是在与之息息相关的敏感期内持续不断地出现。所以，发展并非不可改变的遗传，也并非模糊的进程，而是一种工作，一种受本能引导、耐心的、短暂的工作，这种工作促使对某种确定活动的期盼的诞生。但是，这些活动与同一个体成年后从事的种种活动有着明显不同。

---

① 荷兰遗传学家、植物学家。

德·佛利斯是第一个从生物学角度对敏感期进行研究的人。生命体在蜕形为成体的过程中，会经历一些敏感期。他以昆虫中的蝴蝶为例，众所周知，昆虫的幼虫成长速度很快，它的贪吃也会损害树木。不过在刚出生时，它无法吃掉一大片叶子，只能靠枝头的嫩芽果腹。

蝴蝶产卵时会选择与树干毗邻的树枝，将卵产在安全且不易被发现的角落。幼虫刚破壳而出时，能通过光线获知在树梢上能找到它们需要的嫩叶。蝴蝶的幼虫对光线十分敏感。它为光线着迷，被光线吸引，就仿佛有一股无可抗拒的力量正在召唤着它。它顺着枝干向最明亮的地方蠕动。

在那里，它找到了嫩叶并从中汲取了营养。令人惊讶的是：当蝴蝶经过了最初的成长阶段，能够吃其他物品时，它对光线的敏感性就会褪去。幼虫走上了寻找其他经验和其他生存方式的道路，不是因为它的视力消失了，而是因为它对光线失去了兴趣。

幼虫还是那只幼虫，它灵敏地感受到了另一种与趋光性相似的特性。它马上从因为贪吃而破坏植物的饕餮变成了严守斋戒习惯的苦行僧人。斋戒期间，它以最快的速度为自己造了一座棺椁，仿佛已死一般躺在棺中，这是一件紧迫的工作，却又必须完成。当这一阶段接近尾声时，它有了一双光芒闪烁的翅膀，过不了多长时间，它就会飞出棺椁，变成一只漂亮的蝴蝶。

众所周知，蜜蜂的幼虫也要经历这样一个时期。在此期间，每一个雌性幼虫都有成为蜂王的机会，但是一个蜂群最终只能有一个王。它从工蜂那里得到"蜂王浆"，汲取了如此丰沛优质的养分后，成长为蜂王。如果它被工蜂挑选出来时，年龄已经不小，那它成为蜂王的概率几乎为零，因为它已经丧失了幼体时才有的贪婪的食欲，它无法发育为蜂王，于是，蜂群只好再重新选择一只雌性幼蜂为新王。

这些实例能帮助我们更好地理解儿童发展过程中存在的一些关键问题。事实上，儿童与动物幼体最大的差异就在于：他体内存在着蓬勃的冲动力，这让他常有惊人之举。如果冲动力消失，儿童的行动也将变得死滞与盲目。在这些不同状态下，成年人对孩子几乎没有直接的影响，但是，如果孩子们不能按照他们敏感的内心的意愿行事，就会永远失去一个自然地征服世界的机会。孩子们在他们的心理发展中表现出奇迹般的征服力，可我们却成了无动于衷的旁观者，因为我们对这些奇迹视若无睹。儿童是如何从零开始，让自己和这个复杂的世界相适应的？他们是如何对各种东西加以区别的？他们是用什么奇迹一样的方法，在没有老师的帮助的情况下，在日常生活中学会一门语言，并精通其中的微小细节的？相比之下，成年人经常需要一定的帮助才能适应新的环境，还会觉得学习一门新语言的过程很乏味，也无法做到像儿童学习母语那样完美地掌握一门新语言。

处于敏感期的儿童学习自我调节，获得新的知识和技能，如同一束内心射出的光，或者一节提供能量的电池。正是这种敏感性使得儿童如此热切地接触外部世界。这时的他们不惧任何困难，对任何事情都热情满满，充满活力。每一项成就都标志着他们的能力有所提升。只有在达到目标的时候，他们才会有麻木和疲倦之感。

一旦有一种心理激情消耗殆尽，马上又会有另一种激情被点燃，就这样，孩子通过持续的、接连不断的征服体验获得幸福和快乐。这美丽的心灵之火不断地燃烧着，让人的精神的创造性工作圆满完成。当敏感期结束时，智力的发展只能通过推理、自发努力和艰苦研究的过程来实现，工作会让人感到冷漠和麻木，这也是儿童和成年人心理的根本区别。儿童有一种特殊的内在活力，所以在遇到困难的时候，他会用一种匪夷所思的方式克服它们。但是，如果他在敏感期遇到了障碍，让他过于费力，他就会感到烦恼，在严重的情况下，甚至他的个性也会被扭曲。虽然我们对这种精神折磨了解得并不多，但是大部分成年人都是在无意中遭受的。

我们毫不怀疑这种成长，也就是说，我们认识到孩子可以获得这些独特个性。但是我们通过长期的实验，得出了这样的结论：当孩子们在他们最重要的活动中遇到外界的障碍和干扰时，悲伤和暴力反应就会发生。如果我们不知道这种反应是如何触发的，就会觉得他们非常奇怪。孩子们面对我们的安慰，会表现得十分抗拒。而我们衡量问题严重程度的标准，就是孩子反抗的强弱。对于这些似乎毫无共性的现象，我们会用"胡思乱想""任性"或者"发脾气"来形容。我们认为不理智、固执或者非理性的行为是任性的，也会发现某些类型的发脾气会变得十分严重，由此不难看出，有一种原因在一直发挥作用。所以，我们需要找到更可靠的办法才能解决这个问题。

对于这些"幼稚"的发脾气行为，用敏感期就能解释得通，但是这并不能一劳永逸地解释儿童所有的怒气，因为其内心冲突背后的原因各不相同，而且很多反复无常的任性行为会因为孩子过去的不当行为曾经被不正确地对待而变得更糟。任性行为不但跟敏感期的内心冲突有关，而且和敏感期一样，不会持续很长时间，也不会对敏感期形成的脾气和性格产生长时间的影响，但是这些任性行为会阻碍一个人的心理成熟。

如果儿童的某种需要没有得到满足，就会出现敏感期发脾气的情况，这是他觉得有什么事情不对劲，或者在某个危险情况下发出的警告。如果孩子的需要得到了满足，或者危险消失，他的脾气也会立刻消失。一个刚刚还在歇斯底里地发脾气的孩子，突然就变得十分平静，这种情况并不罕见。所以，对于孩子的每一次任性行为，我们都要深入挖掘背后的原因。一旦我们找到了原因，就可以窥探儿童心中神秘的角落，并学会如何理解孩子并与他们和谐相处。

敏感期的分析

在对儿童处在形成状态的内在心理进行观察时，我们可以以"实体化"和敏感期为探查孔，所以，我们看到了对儿童心理发展有决定作用的内部器官的工作与活动。这些都越来越清晰地向我们证明着，儿童心理的发展并不是某种偶发现象，也不是因外部刺激而引发的一种心理活动，而是受短暂存在的敏感性，即暂时出现的、以获得某种特性为目的的生物本能为指导的。外环境无法对这种发展起决定作用，虽然这种发展是在外部环境中发生的。外部环境能为儿童提供的，只是心理生活所必需的某些手段罢了，这就好像身体通过进食和呼吸从外部汲取能量来维系生存一样。

儿童通过具有决定性的内部敏感性从适合自身成长的复杂环境中有选择性地汲取一些必不可少的东西。在内在敏感性的影响下，儿童对部分事物极为敏感，对另一些事物却浑不在意。当某些让他敏感的事物出现时，这些事物就仿佛蒙上了一层光，其他事物则没有光，于是，被光笼罩的事物构筑了他的全部世界。然而，这并非单纯意义上的情景吸引与知识吸收的问题。儿童具备一种以此来为自我发展的独特天赋。他之所以能凭着自身的运动器官，在生活中展现灵敏及部分内在特性，全是因为敏感期来临时，他对自己的心理做过某些调整。

打开神秘壁龛的密钥就隐藏在儿童与其环境之间的诸多感觉关系之中。精神之胚在壁龛中缔造了发展的奇迹。

我们可以假定，这种玄奥的创造实际上是潜意识中存在的一系列强烈的冲动。当这些冲动与外部世界发生接触时，人的意识产生了。开始的时候，这种意识是杂乱无章的，随后变得泾渭分明，最后具备了创造性。例如，我们可以看看婴儿牙牙学语的时候。

一开始，环境中充斥各种嘈杂混乱的声音，突然，婴儿听到了一种理解起来很困难却非常清晰的声音，那是语言的声音，它清晰、有力、极富吸引力。这时，婴儿还不懂思考，这种声音就成了响彻他整个心灵的乐章。于是，婴儿被隐藏起来又必须要起作用的部分力量被激发，但这不是他力量的全部，而且，这种激发只能以不太正常的号哭与叫嚷来表现。如今，它们开始活跃了，遵循着某种节律，并按照某种指令，循序渐进地改变自身的运动形式，所有这一切都是在为精神胚胎缔造一种全新的运动节律。然而，它所有的精力全都投注在了现在的生活中，心无旁骛，未来会如何发展也不得而知。

慢慢地，儿童的双耳辨别出了各种截然不同的声音。原本仅懂得吮吸的舌头学会了一种新的、内在的运动形式，一种无法抵御的力量好像在推动着它震颤，推动着它伸缩，推动着它将咽喉、脸颊与嘴唇追寻。这种无目的的震动，充满了蓬勃的活力，唯一的作用大概就是带来某种难以言喻的乐趣吧。当婴儿屈起四肢，握紧双拳，抬起头转向正在说话的人，并目不转睛地看着这个人的嘴唇时，就是在表达自己获得的快乐。

敏感期，正是儿童的工作期。在某种神圣力量的作用下，儿童的精神被激发，孤独无助的状态渐渐消散。就婴儿而言，这种内在的戏剧始终充满着爱。从广义上说，儿童的心灵壁龛中呈现出的、对整个心灵都具备莫大吸引力的最伟岸的现实，就是爱。爱的呈现方式是惊人的，这种呈现，从未停止，且留下了难以抹除的印痕。在这些活动的影响下，人也变得更高尚、更伟岸，而且，这种高尚的特性将与儿童相伴终生。

但是，所有这一切的发生都无声无息，人们对此一无所知，因为儿童内在的需求能通过外在环境得到充分的满足。譬如，在人的一生中、最不易被察觉、与敏感期最息息相关、连接时间也最长的活动，就是说话。婴儿总是被人群包围着，人们的话语为他发声提供了必不可少的条件，所以，它有隐秘，所以，处在敏感期的婴儿总爱微笑。如果我们总是以同一节律的、清晰短促的语言与他交流，他会非常开心，所以，对他而言，辨别不同的人声和辨别不同的教堂钟声，其实是一样的。另外，当成年人不厌其烦地在黄昏时分为儿童唱响同一首催眠曲的时候，儿童会渐渐变得安静，安静得像个天使，他沉浸在欢乐中，并以这种状态入梦。在与儿童交流时，我们为何要软语温存、满怀深爱，就是因为这样能让笑容充斥生活。自远古至今，黄昏到来时，为孩子唱一首歌或讲一个故事，以安慰那幼小的心灵，满足他的某种祈盼，已经成了所有人都会做的事情。

这些都从正面证明，儿童的敏感性是极具创造力的。但是，一些显而易见的反面证据并不该被忽视。当儿童内在本能的发挥被所处环境中存在的某些事物阻碍时，他会以一种非常激烈的方式来宣告敏感期的存在。譬如任性、发脾气，等等，这种行为，会被视作一种无缘由的绝望。"发脾气"预示着内在障碍的存在，意味着儿童的心理正处于紧张状态，或者有需求未被满足。

没有任何病理状况就发烧，或者常常表现出烦躁，并越来越频繁地做些无意义的动作，都代表着婴儿在发脾气。诚如你我所见，儿童发烧时，体温升得非常快，但退烧也非常快。同理，我们发现，极细微的一些因素就能引起婴儿强烈的不安，这种状况与婴儿的敏感性密不可分。我们始终关注着这些反应，事实上，婴幼儿的脾性如何，刚出生时，就有所体现，这种体现，完全可以为人固有的反常心理的存在提供明证。当然，如果所有生理上的失调都被归入功能性疾病的范畴，那么心理失调也该隶属此范畴。所以，婴儿心理第一次出现疾病的时候，也就是他第一次"发脾气"的时候。

通过观察，人们已经注意到了这些激烈的反应，因为第一个引人注意的，通常都是病理事实。不平静与失去平静，都值得思索。自然规律本身并不显眼，违背自然规律的事情才显眼。生命依旧隐藏着它创造本能、捍卫本能的事实。

在人制造出来的产品上，也会发生和生命体身上同样的事情。比如，人们会在玻璃橱窗中展示制作完成的产品，却不会向人们展示制作这些产品的工坊，虽然相比之下，人们对产品本身的兴趣更大。同样，就躯体的功能而言，内在器官的运行机制委实让人匪夷所思，却无人关注它或者见到过它。甚至哪怕是以这些内在器官为生命根基的人也不知道自己竟然拥有着如此巨型的生理组织。自然界悄无声息地做着自己的工作，我们所谓的"健康"或"正常"，实际上就是一种能力的平衡状态。

我们对疾病的每一个细节都知之甚详，对健康却仍漠不关心甚至一无所知，这种情况，委实令人费解。实际上，早在古代，一些疾病就已经为人所知。古希腊和古埃及时代就有遗迹证据表明，史前人类对外科手术领域早就有所涉猎。但是，直到最近，我们对内部器官功能的了解才逐渐多了起来。17世纪时，人们发现了血液循环，1600年，出于对内部器官进行研究的目的，人类做了首例人体解剖手术。换言之，生理学隐秘的发现或者说脏器正常功能隐秘的发现是在病理学研究的间接推动下完成的。

所以，虽然人们对儿童心理疾病已有所了解，对正常的儿童心理活动却仍一知半解，这是很正常的现象。心理本身就十分微妙，它工作隐秘，悄无声息，没什么外显迹象，考虑到这些，理解起来就更容易了。

如果儿童得不到帮助，如果他的环境被忽视，那么他的心理生活就会面临危险，他就会像弃儿一样，面临着被伤害的危险，他必须为自己的心理发展而奋斗，并且可能会输掉这场斗争。成年人不知道是什么力量在起作用，很少意识到正在发生的奇迹，也不知道心灵生活的创造性工作似乎没有什么外在显示，所以，他们不会对儿童施以援手。

我们不能再忽视儿童的心理发展，必须从他们生命的一开始就给予帮助。这种帮助并不是为了塑造孩子，因为这是自然的任务，但是成年人必须对这种发展的外在表现敏感，并为孩子的成长提供必要的手段和工具，因为这是孩子自己无法得到的东西。

如果确实如此，并且一个健康的孩子的秘密在于一些隐藏的能量，那么我们就可以理解由于心理发展过程的缺陷而产生的心理适应不良，以及随之而来的所有功能障碍和疾病是如何产生的了。虽然我们还不了解儿童保健的原理，儿童死亡率极高，但这只是问题的一个方面，许多幸存者遭受失明和佝偻病的折磨，有些人成了残疾，许多人有严重的身体缺陷或器官功能障碍，使他们患上肺结核、麻风病和淋巴结结核等疾病的可能性要高于其他人。

同样，我们没有保障儿童心理健康的计划，我们生活在一个没有任何设施保护和维持儿童心理健康的环境中，我们甚至不知道创造和谐心理的秘密运作机制。心理失调有一些负面的后果：失明、虚弱、萎缩、死亡，更不用说自负、权欲、贪婪和愤怒等问题。所有这一切不仅仅是一个口头描述或者一个象征性的比喻，而是儿童心理状态的一个可怕的现实，这与前面提到的身体疾病的术语具有相同的性质。开始时的一个小错误可能会导致以后生活中的巨大行为偏差。一个人可以在一个不属于他自己的精神环境中成长和成熟，但是他的生活将被关在原本属于他的天堂之外。

观察与实例

就算不做任何实验室科学论证，仅靠实验心理学的理论数据，我们也能证明，所有儿童都有自己的心理活动，哪怕他再幼小。就像现代一些心理学家们实验过的那样，尝试着以刺激的方式吸引儿童的注意力，盼着他能做出一些运动反应，这些反应的出现，足以证明他有心理活动。

就像莱文以心理电影的方式呈现出来的那样，如果儿童渴望得到某件事物，他会将整个身体都探出去，以便他能碰触到那个事物。但一段时间之后，他的运动器官变得越来越协调，他就学会了拆解动作，譬如，渴望得到某件事物时，他会伸手。

还有一个例子，一个四个月大的婴儿。他非常喜欢盯着某个正在说话的人的嘴唇看，虽然他还不会清晰地表达自己，也没办法做出类似的发声动作，但从他的脸上，你能看到一种专注，你会发现，他的注意力很敏锐，他被这有趣的情境迷住了。两个月后，他已经能发声并重复一些简单的音节，但他的兴趣依旧不减。所以，显而易见，在能够清晰发声前，这个婴儿对说话就十分感兴趣，这一点，是能够被察觉到的，他悄悄地准备着，因为心理方面的激发条件已经出现，他迫切地想激发自己的发音器官。通过观察，我们看到了这种敏感性，这不是实验数据。实际上，类似的实验心理学家们也做过，但外部环境的干预会破坏婴儿心理活动的隐秘性，以至于在预定时间到来前，平白空耗了婴儿的精力。

我们应该像法布尔①观察昆虫一样，用合适的方法观察婴儿的心理状态。昆虫在属于它们的自然环境中悠然地活动着，为了细致地观察它们，不打扰它们，法布尔把自己藏了起来。

————————

① 法布尔，法国著名昆虫学家，《昆虫记》的作者。

同理，我们观察儿童时，儿童实际上已经在有意识地依靠自己的感官来获得更多的与外部环境相关的印象，因为，从此之后，外部环境将成为这个生命自然发展的依靠。

成年人完全没必要为了给儿童一些帮助或者去解释这些现象刻意去提高自己的观察力，只要了解一些与儿童有关的常识，我们就有足够的资格追随在儿童身边。

诚如一些例子所表明的那样，照料儿童是件简单而现实的事情。众所周知，婴儿没有站立的能力，只能躺着，所以刚开始的时候，他对环境的感知肯定无关大地，只与天空有关，但是，成年人又不愿让他注视天空。实际上，一般而言，躺着的婴儿，能看到的只有童车的顶棚或室内雪白的天花板。这些情境为婴儿提供了最初的感觉印象，也滋润了他饥渴的心灵。觉得婴儿需要注视一些事物的人，为了将婴儿的注意力从单调的环境中转移开来，常将一些物品放到他面前。实验心理学家们尝试着将不断滚动的球或者彩色的饰品悬挂在摇篮上方，他们当然是好意。婴儿希望能得到它，抑或通过它来想象自己所处的环境，他的目光情不自禁地随着晃动的玩具或球体转动，对此，他不得不竭力挪动自己的身体。这种挪动是不正常的，以至于婴儿的姿势和运动会显得非常别扭。

事实上，更适合婴儿的应该是稍稍有些倾斜的床，如此一来，婴儿最起码能俯视自己的房间。同样，将婴儿带到花园里，感受一下花园蓬勃的生命景象，绚丽的花、飘扬的叶、奔跑腾跃的动物，也很不错。

在相当长的一段时间内，让婴儿处在同一情境中，是非常有必要的。因为，如此一来，婴儿就能通过这些一模一样的东西学会辨别事物；见它们总是被摆放在同一位置，婴儿也能渐渐学会区分生物的运动与无生命事物的挪移。

第八章
秩序敏感期

孩子对秩序极其敏感的阶段是一个非常重要和神奇的阶段，这种敏感发生在孩子一岁之前，一直持续到孩子两岁。我们感到奇怪的是，儿童与外部世界的关系应该有一个敏感的秩序时期，因为人们普遍认为儿童天生就是不守规矩的。

如果一个城市中的孩子生活在一个封闭的环境里，里面充满了各种各样的东西，大人们在四处搬东西，为孩子做安排，而孩子不明白大人这么做的原因，那他就很难对大人们这种细心周到的行为做出正确的判断。如果孩子过了对秩序敏感的时期，他感知到的紊乱就会成为他发展的障碍，这就是为什么他的行为会有些反常。

照顾婴儿的成年人不知道婴儿神秘的心灵深处。有多少次婴儿无缘无故地哭泣，并且拒绝所有安慰他的尝试？这本身就应该足够让我们怀疑在婴儿身上有一些神秘的需要必须得到满足。

儿童的秩序敏感期可能在出生后的第 1 个月内就会出现，当婴儿看到东西放在适当的地方时，会变得热情且欢快。这就是敏感期的积极表现。根据这些，我们培训了一些保姆，让她们熟悉我们的原则，从她们那里，能得到一些与此相关的例证，譬如，一位保姆照料的婴儿只有五个月大，她常把她放在童车里，推着她，在庭院中漫步。院中开满了鲜花，但这些鲜花却没引起女婴的注意，相反，她却对灰色旧墙上镶嵌的白色大理石碑非常感兴趣，一靠近它，就显得很兴奋、很快乐。所以，保姆每天都会带她去看那石碑，对刚出生没多久的婴儿来说，这是唯一一件能让她一直保持愉悦的事。

但我们也该明白，多数时候，儿童因被阻碍而乱发脾气，都代表着他正处在敏感期，发脾气也是敏感期的表征。现实生活中，类似的例子有不少。我们先来说说其中一个。这是刚出生几个月的女婴。她有自己的小家，她的卧室是以生理卫生学理论为依据精心布置的。婴儿床略有些倾斜，很大，她能借此俯视周围的一切。室内能够盥洗，墙体不是常见的白，窗上镶嵌着彩色的玻璃，还摆放着一些小家具，桌上摆了鲜花、桌布是黄色的。一天，一位登门拜访的客人随手将遮阳伞放到了桌上，女婴变得紧张、焦虑，盯着伞不断地号哭。毫无疑问，这把伞就是她焦虑的源头。起初，大人们误以为那把伞引起了她的兴趣，将伞拿给她，她却哭着推开。这时，她那对儿童早期心理略有了解的母亲走过来，将伞从桌上拿开，放到了外面，女婴马上就不哭了。女婴之所以焦虑号哭，是因为伞不该放在那儿。她记住了各类物品的摆放位置，放错的伞与她的认知产生了冲突。

还有一个例子，这个例子中的孩子的年龄略大些。那时，我正在那不勒斯旅行，和一群旅客一起徒步穿越尼禄山洞。同行者中有一位年纪不大的母亲，带着她的孩子。孩子很小，走了一会儿就累了。没办法，他的母亲只好抱起他。但很显然，她的力气比她自己想象中的要弱，抱着孩子走了一段后，她就热得将外套脱掉并顺手搭在了手臂上。这让孩子感到不适，他开始号哭，而且越哭越厉害。母亲试图让他安静，但无济于事。母亲很疲惫，也很苦恼，所有人都注意到了这一点，大家都想给她一些帮助。母亲换了一只手臂来抱孩子，但孩子依旧号哭、挣扎。我们与他交流，甚至呵斥他，都不管用，甚至让事情变得更糟糕了。显然，母亲得把他抱起来，但他正在发脾气，在某种本能的促使下，他大喊大叫。

一个同行者伸出自己强健的手臂，一脸严肃地说："我来抱他。"没想到被抱起的孩子却哭闹得更厉害了。我想，孩子一定不会无缘无故地哭，又想到幼年期的隐秘，便走上去，轻声询问孩子的母亲："我能帮您把外套穿上吗？"我的话让她很诧异、很不解，她明明很热，但她还是听从了我的建议，重新将外套穿好。孩子马上就安静了，不再挣扎，不再哭泣。他或许想说"妈妈，把外套穿上"，或者"妈妈，外套就该穿着"，或者"你们终于了解了我的想法"。他笑着朝自己的母亲伸出手。这种转变很迅速，也很自然。外套不是布，不该被搭在手臂上，应该穿上。母亲身上的无序对孩子而言就是障碍，是非常不和谐的，他受到了影响。

对我最有启发的是发生在另一个家庭的一件事。一位身体不适的母亲倚着保姆拿来的靠垫躺靠在沙发上，女儿走过来，求她讲故事。对只有 21 个月大的亲生女儿的请求，母亲无论如何都不忍心拒绝，即便很难受，还是给女儿讲起了故事。女儿听得很专心。但母亲实在太难受了，只好在保姆的搀扶下到隔壁卧室去休息，被留在沙发边的女孩开始哭泣。所有人都觉得这很正常，觉得她是在为母亲难过或者是母亲生病吓到了她，竭尽全力安慰她。可是，当保姆出来，试图将靠垫拿到隔壁卧房时，女孩立马开始叫嚷："靠垫，不要！不要！靠垫！"她似乎是在说：无论如何，靠垫都不能被拿走，它该放在那里。

保姆温言软语地哄着女孩，将她带到生病的母亲身边，母亲忍着不适继续给女孩讲故事，希望能让她开心，可女孩一直在哭，边哭边说："沙发，妈妈。"而且说了很多遍。

这时，对女孩来说，故事已经没有任何吸引力了。靠垫不在沙发上了，母亲也换了位置，本该在同一房间讲完的故事没有讲完，这些，在女孩心中引发了矛盾，很戏剧化的矛盾，却难以挽回。

通过这些例子，我们能清晰地认识到，儿童对秩序是何等的渴望，同样地，儿童的早熟也让人震惊。两岁左右的儿童会以一种平和的方式主动表现自身对秩序的挚爱。实际上，在蒙台梭利学校里，最有趣的事情之一就是，无论是什么物品，只要放错了地方，都会被孩子们放回原位。成年人和年龄大些的孩子，不会注意本应放在肥皂盒里却意外被放在了脸盆架上的肥皂，也不会注意一把椅子是不是歪了或者放错了地方，但幼儿会注意，他们能发现所有的不协调，即便只是微不足道的细节，他们会马上将放错的物品放回原位。

对他而言，物品的凌乱、摆放得不协调似乎是种刺激，会让他感到忐忑。将物品摆放得井然有序是让儿童开心的好办法。我们学校的孩子，虽然只有三四岁，也会在完成工作或练习之后，将物品放到规定的位置，这是一种自发行为，而且，很显然，这种行为让他们很开心。物品应该被放在指定的位置，这就是秩序。儿童有秩序感就代表着他已经意识到并记住了各种物品应该被摆放的位置，代表着他熟悉了环境中的种种细节并有能力去适应它。我们衷心希望自身所处的环境是这样的：闭着眼都能行动自如，伸手便能拿到自己想要的物品。这种环境，是生活平静安乐的必要条件。

但是，虽然都挚爱着秩序，但成年人与儿童的爱是截然不同的。在特定的年龄阶段，它是必需的，而且极为关键。对儿童来说，秩序就仿佛鱼儿游动的水域或陆栖动物行走的大地。为了让精神在环境中获得更深入的发展，早期阶段就应该将某种方位原则灌输给儿童，这很有必要。在他们生命的第一年，他们就在所处的环境中形成其适应性原则，而这个环境是他们以后一定要掌控的。儿童成长于环境之中，因此他们需要的并非似是而非的建设性意见，而是一些明确的指导。

通过游戏，我们能直观地看到儿童对秩序的挚爱。常居日内瓦的克拉帕雷德①教授的一些心理学理论给同样居住在瑞士的皮亚杰②教授提供了实验依据，根据这些，皮亚杰教授以自己的孩子为实验对象，做了一些十分有趣的实验。他在一把扶手椅的坐垫下藏了些物品，然后让孩子离开，之后，他将这些物品藏到了另一把扶手椅的坐垫下面。这把扶手椅就在第一把椅子的对面。最后，他将孩子唤回房间，让他寻找。教授希望在第一把扶手椅的坐垫下找不到被隐藏物品的孩子能到对面的扶手椅坐垫下去寻找，但让他失望的是，孩子没有这么做，他只找了第一把椅子，之后就不再寻找，然后用属于孩子的方式，说"没有了"。同样的实验，皮亚杰教授做了很多次，甚至还在孩子的注视下将坐垫下的物品转移出去，但孩子的反应并没有什么不同，只翻第一把扶手椅的坐垫，然后说"没有了"。因此，教授得出了"我儿子有些傻"的结论。他很是不耐烦地将第二把扶手椅的坐垫翻开，问儿子："我放这些物品时，你没看到吗？"孩子说："我看到了，可是，它该放在那里。"说着，他指了指第一把扶手椅。

这个孩子并没有任何寻找的想法，他最关心的事是，物品该被放回原位，或许在他看来，父亲根本就不明白这个游戏的

---

① 克拉帕雷德，生于 1873 年，逝于 1940 年，瑞士人，心理学家。

② 皮亚杰，生于 1896 年，逝于 1980 年，瑞士人，心理学家。

玩法。在孩子看来，这就是将物品放回原位的一个游戏。

和两三岁的孩子一起捉迷藏的经历，也让我非常诧异。玩捉迷藏时，孩子们总是满怀祈盼，很开心，很兴奋。他们是这样玩的：一个孩子躲到桌子下面，他的伙伴们看着他的身影被铺在桌上的、长长的桌布掩藏，然后，孩子们离开房间，再次回来时，他们立马掀开桌布，看着桌下藏着的同伴，开心地叫嚷。孩子们乐此不疲地重复着这种游戏。他们很有次序，一个接一个，先说"轮到我藏了"，再藏到桌下。还有一次，我看到几个大孩子和一个小孩子一起捉迷藏。大孩子们知道小孩就藏在家具后面，进屋后，却故意假装找不到。他们觉得，小孩一定会很开心，没想到，小孩却大喊"我在这里"，还很懊恼地问："我就在这儿，你们真的没看见吗？"

有一次，我也成了这种游戏的参与者。我瞧见一群孩子，因为找到了藏在门后的同伴而非常开心，还很热烈地鼓掌。孩子们簇拥着我，请求我和他们一起玩游戏，让我"藏起来"。我答应了。他们全都跑出去了，没一个留在房间，好像并不想瞧瞧我藏在哪儿。我把自己藏在柜子后面一个隐蔽的角落，而不是门后。回到房间后，所有的孩子都奔向门后。他们没找到我。等了一会儿，我就出来了。孩子们很迷茫，也很失望，他们用抱怨的语气问我："你答应一起玩的，为什么反悔？为什么不把自己藏起来？"

如果我们是为了快乐才玩游戏（事实上，孩子们很愿意重复他们那滑稽的做法），那我们就得清楚，对某个年龄段的孩子来说，在他们觉得正确的地方找到要找的物品，就是快乐。对这些孩子来说，将一些东西藏到看不见的地方，再重新找出来，就能收获秩序感，因为无论看到还是没看到，那件物品总是会被放在他们认为应该放的位置。所以，他们告诉自己："你看不到它，可我知道它在什么地方，我确定它就在那儿，哪怕是闭上眼睛也能找到。"

儿童对秩序有一种源于内部感觉的天然敏感性，这种敏感性是自然赋予他的。他借由这种内部感觉来区分物体之间的关系，而非物体本身，所以，能看到一个各部分彼此依存的整体环境，只有在这样的环境中，儿童才能有目的地去行动、去适应它。也基于此，他认识了什么是彼此关系。如果外部印象不是以某种秩序被构架，那这种印象的积累将毫无用处。这就好像明明有许多家具，却没有房子来摆放它们一样。如果一个人只能辨识事物，却不了解它们之间的关系，就会发现，他的世界一片混乱。儿童的所有行为都源于本能，这种本能自然是为了让他更好地适应环境并寻到属于自己的生活方式而给予的馈赠。自然为处于秩序敏感期的儿童上了第一节课，它就像教师，为了教儿童认识地图，先给了他一张教室平面图。可以这样说，通过第一节课，自然将辨别方向的指南针给予了人类，有了它，人才能不断地调整方向。同理，自然赋予儿童正确使用语言的本能，而随着年龄的增长，成年人会自然而然赋予这种本能无限的可能。孩提时代敏感期的种种经历是人心理发展的基础，毕竟，没有哪种心理是凭空产生的。

内部定向

儿童的秩序感分两种：一种是外部秩序，它是儿童对外部环境的感知，也是儿童对自身的感知；另一种是内部秩序，它是儿童对身体各部分及其相对位置的感知。这种感知，又被称为"内部定向"。

通过不懈的研究，一部分实验心理学家发现，人能通过一种叫肌觉的感觉察觉到身体各部位所处的位置。这一发现，需要特殊的"肌肉记忆"来支撑。

这样的解释完全是机械论的，是建立在人的意识活动经验基础之上的。譬如，如果我们为了拿到某件物品，移动了自己的手，这一动作会被感知、铭记并重现。因为我们并不缺乏理性的经验和随意的经验，所以，我们可以选择是移动左臂还是移动右臂，是朝这个方向移动还是朝那个方向移动。

然而，就儿童的情况而言，很显然，在无法自由行走且没有任何经验的时候，他就已经陷入了敏感期，这个敏感期处于高度发展状态，而且与各种不同的身体姿势相关。换句话说，就是自然赋予了儿童一种与众不同的敏感性，这种敏感性与他身体各部分的位置及姿势息息相关。

神经系统的运行机制是旧理论成立的基础，但敏感期与心理活动休戚相关。意识的方式以洞察心理及冲动心理为基础，它们是自发的能量，为某些基础原则的诞生提供着源泉，而心理的发展又是以这些基础原则为基础的。所以，从自然那里，心理找到了发展的潜在可能性，还找到了被意识的基本经验。我们意识到，当儿童所处的环境对这种极具创造性的发展产生不利影响时，会发生一些反面的情况，而这恰恰印证了敏感期的存在性与固定性。不利产生时，儿童会变得紧张焦躁，这或许是疾病的一种预兆。如果不利的情况始终得不到改善，对疾病的所有治疗或许都将徒劳无功。但是，一旦不利因素被排除，焦躁、疾病也会随之消失。由此，种种反常现象产生的根源在哪里，也就显而易见了。

从一位英国保姆口中，我听到一件趣事。因为某些原因，她急着离开她服务的家庭，时间很紧迫，她为自己找了一个干练的继任者。这位继任者本以为工作很轻松，却在给孩子洗澡的时候遇到了大麻烦。不管什么时候，只要保姆试图给孩子洗澡，孩子就会紧张、一脸绝望、号啕大哭，并推开保姆，试图从她身边逃开，躲得远远的。保姆竭尽所能精心照料着这个孩子，可孩子依旧不喜欢她。等原来的保姆回来，孩子就安静了下来，不再排斥洗澡。这位英国保姆对研究儿童的憎恶心理很感兴趣，曾在我们的学校接受过培训，乐于探索儿童身上的谜团，并以此来解释某些现象。她非常耐心，尝试着去解析幼儿那断续的语言。孩子为什么会仇视第二位保姆呢？因为她在给他洗澡的时候，动作与之前的保姆截然相反。通过对比，两位保姆发现：原先的保姆给孩子洗澡的时候，靠近孩子头部的是右手，靠近脚部的是左手，她的继任者则刚好相反。

我还能回想起一个情况更加严重的例子，一种还未确诊的疾病的所有征兆在它那里都出现过。我参与其中是出于偶然，我目睹了全过程，尽管介入时，我的身份并不是医生。事件涉及的孩子出生还不到18个月，他的家人刚刚完成了一次长途旅行，在他们看来，孩子只是太小了，无法忍受旅途的疲乏。孩子的母亲说，旅途中一切顺利，没有出现任何异常。他们每晚都住宿高档旅馆，旅馆有专门为婴儿准备的带围栏的小床和特殊的食物。而现在，他们住在带家具的公寓中，公寓面积很大，只是没有专门的儿童床，婴儿和母亲一同睡在大床上。孩子就是这时候得的病。起初是失眠反胃，因为胃疼，他一到晚上就哭号，不能离开母亲的怀抱。儿科医生给他做了检查，配了专门的食谱，还以散步、日光浴等方法辅助治疗，但徒劳无功，夜晚成了全家人最难熬的时刻。最后，孩子不断在床上打滚，患了惊厥症，有两三次还全身抽搐。可怜的小家伙年纪太小了，还无法表达，因此，了解他的苦恼、解决它，就是对孩子最大的帮助。因此，他的父母请了一位儿科方面遐迩闻名的精神病专家来问诊。我也参与了进来。孩子的状况看上去还不错，他的父母告诉我们，旅行期间，他一直很健康，所以，他的病因可能是精神方面的失调。当我看到孩子躺在床上痛苦不堪的模样时，我受到了启发。我找来两个枕头，平铺开，让枕头的垂直边恰好构成一张仿似带着围栏的儿童小床，之后，我将毯子和床单盖上，将临时拼凑的小床挪到大床边，什么都没说。小家伙就停止哭泣，滚到小床的边沿，睡到里面，还说："卡玛，卡玛，卡玛。"在儿童的语言中，卡玛代表"摇篮"，在"小床"中，孩子很快就睡着了，身上的病症也随之全部消失。

事实上，孩子是在以这样一种方式来表达不满和抗议，他厌恶所有无序的状况，不喜欢离开自己的小床睡到大床上，尤其是大床还没有围栏。敏感期的力量，从这个孩子身上得到了很好的证明，处在敏感期的他，拥有着一种自然而神秘的创造力。

儿童的秩序感与我们截然不同，我们却在经验的影响下变得冷漠麻木。但正处在感知积累阶段的儿童是贫乏的，起初，他们一无所有，唯一能感受到的就是创造的疲惫。我们被他当成了继承者。可我们呢，就仿佛一个靠艰苦劳动致富的长者的儿子，对他的艰辛与疲惫一无所知。我们得到了一切，我们拥有了地位，所以，我们变得迟钝冷酷。现在，我们可以游刃有余地操控从儿童那里得到的理性、操控那已经被训练过的意志并充分利用那已经发达起来的肌肉。我们之所以能适应周围的一切，是因为儿童帮我们训练了敏感性。我们之所以经济宽裕，是因为我们继承了属于儿童的一切。初时一无所有的儿童，成了我们未来生活的奠基人，对此，他付出了极大的努力。他努力去接近未来生活的第一源泉，他所有的创造与行动都为此展开，我们对这种创造一无所知，也早已遗忘。

第九章
智力发展

机械心理学家们认为，智力根源于外部，而且发展缓慢。通过对儿童智力发展的研究，我们知道，这是错误的。他们认为，在叩响感官的门扉后，外部物体的印象还没得到允许就已闯进门里、在心灵里定居，以彼此联合的方式慢慢组织起来，形成了我们认知中所谓的智力。

古人说："从某种程度上讲，智慧中所有的内容都首先来自感觉。"这句话可以用于治愈的形成过程。这种理论觉得环境能决定儿童心理，并借此断定，成年人可以彻底将儿童控制。另一个与之类似的看法是，每一个儿童都是一个等待被装满、被塑造的空瓶子，处于被动状态，而且这种被动不局限于智力。

通过自身的种种经验，我们能清晰地认识到，儿童所处的环境对他智力的发展有着非常重要的影响。所有人都知道，儿童的教育环境一直是蒙台梭利教育体系的中心，备受关注。比起其他教育体系，我们对儿童的感知更注重、更关切，然而我们所遵循的理念与认为儿童一直处于被动地位的传统理念大相径庭，我们关注的焦点始终是儿童的内在敏感性。每一个儿童五岁之前都要经历自己的敏感期，这种敏感是间歇的、渐进的，通过它，儿童能以一种匪夷所思的效率吸收来自外部环境的印象。儿童是观察者，利用感官，他积极吸收着所有的印象，可这并不代表他会如一面镜子般将它们悉数接纳。真正的观察者，所有的行动都是以内在冲动、感觉或者与众不同的兴趣为驱动的，他吸收印象时是有选择性的。没有人能看清事物的全貌，美国著名心理学家詹姆士①在对这一问题进行阐述时，表达了这样一种观点：所有人能看到的都只是某个物体的一部分，换句话说，他的情感、他的兴趣决定了他看到的物体的形状。所以，在描述同一物体时，不同的人会有不同的表达。为了说明这一点，詹姆士举了个非常巧妙的例子："如果你对新衣服很满意，就会格外关注其他人身上同款式的衣服，可是，如果你在川流不息的马路上这样做，就极有可能在车轮下失去生命。"

　　或许我们要问，是什么让幼儿从吸收到的无穷印象中找出某种与众不同的印象的？显然，詹姆士的例子并不现实，外在因素不会对儿童造成影响。一开始，儿童一无所有，他前行的所有力量都源于自己。实话实说，这便是敏感期环围旋转的中心——儿童理性。理性的成长如生命的孕育，自然而然，具有

----

　　① 美国实用主义哲学家，机能心理学创始人之一。

独创性，外部环境的印象是它力量的源泉。

最初的能量与力量都源于理性。所有印象都被井然有序地排列起来，供理性取用。最初印象被儿童以某种方式吸引过来，成为理性的臂助。毫不夸张地说，在最初印象的获取方面，儿童始终都是贪婪的，如饥似渴。诚如我们知道的那样，色彩、声音、光线对儿童有着极强的吸引力，它们让他倍感愉悦。然而，必须强调的是，理性的发展是一种自发行为，是内部现象，即便它还处在初始阶段。我们应该关注儿童的心理，给予他一些心理方面的帮助，这一点显而易见。理性是人独一无二的品质，在还不会走路的时候，起初一无所有的儿童就已经走上了发展理性的道路。

或许，相比于解释，例子更能说明问题。我回忆起一个非常感人的例子：有一个刚出生 28 天的婴儿，他从未离开过出生时所处的房屋。一天，保姆抱着他走动时，遇到了两个身高相近、年龄相仿的男子——他的父亲和也住在这栋房子里的叔叔。婴儿十分惊讶，看到两个人一起出现感到很害怕。他的父亲和叔叔对我们的工作有些了解，邀请我们来帮助这个孩子。于是，只要是在他能看到的地方，父亲和叔叔就一左一右分开站立。婴儿转过头，盯着其中一个看了一会儿，就笑了起来。

之后，婴儿变得一脸担忧。接着，他转过头去，盯着另外一个看，看了一会儿，又笑了。这个过程重复了很多次，他一会儿向左看，一会儿向右看，脸上的表情也交替变幻，时而微笑，时而忧虑。这两个男子都抱过他、都和他玩耍过、都满怀深情地和他说过话，只是场合场景不同。开始的时候，婴儿只知道有一个与母亲、保姆及家中其他女性不同的男子存在，可两个男子从未同时在他身边出现过，所以，当两人一起出现时，他开始警惕。

他将一个男子从他的环境中分离出来，可见到第二个男子时，他发现自己错了。虽然出生仅 28 天，但处在实体化过程中的他已然认识到了理性的谬误。

从出生的那一刻起，婴儿就有自己的心理活动，如果不清楚这些，两个男子就不会去帮助他。正是在他们的帮助下，婴儿成功迈出了最艰难的一步，并为获得更多的意识尝试着、努力着。

年龄稍大一些的儿童的经历也可以引为例证。一个 6 个月大的婴儿坐在地板上，兴致勃勃地玩着一只套着带花朵和小孩图案的枕套的枕头。他用鼻子轻嗅花朵，还热情地吻着枕套上的小孩。负责照料他的女仆没什么文化，觉得孩子一定很乐意闻或者吻其他东西，就急切地给他取来很多东西，还说："吻这个吧！闻闻这个！"可结果是，婴儿稚嫩的心灵被搅得一团乱。因为属于他自己的模式还处在形成状态，它需要辨别图像、固化记忆来愉快、安静地完成内部架构工作。他正尝试着架构属于自己的内部秩序，这是项神秘的工作，可惜被一个什么都不懂的成年人搅乱了。

这项一直在内部神秘进行的工作是艰苦的，所以，成年人所有试图分散他注意力或打断他思维的活动，都可能成为他的阻碍。成年人从不考虑儿童的心理进程，总是在他游戏的时候亲吻他、拉他的手，或者尝试着让他入睡。因为对儿童神秘的心理进程一无所知，成年人可能会无意识地压制儿童最基础的欲望。

关键是，儿童本应将得到的所有清澈印象保留下来，只有这样，才能通过区分这些印象来将自己的智力塑造。

一位遐迩闻名的儿童营养专家曾在自己开设的诊所中做过一项非常有趣的实验，实验表明：即便是在饮食方面，也要考虑儿童的个体特征。他发现，在儿童成长的早期，除了母乳，没有任何一种食物适合所有的孩子，对这个孩子来说是美食的食物，却会让另一个孩子十分厌恶。无论是从理论的角度审视，还是从实际的角度观察，这位专家的诊所都堪称典范。他的喂养方式对半岁以下的孩子很有效，但用在半岁以上的孩子身上却收效甚微。这的确让人费解。因为相比于早期的哺育，半岁之后，人工喂养相对要容易得多。诊所有一个专门为母亲们设立的门诊处，一些因家境贫寒无法继续给孩子喂奶的母亲会过来咨询喂养孩子的方法。但这些家境贫寒的孩子，在半岁之后，却没有出现在诊所中被照料的同龄孩子身上普遍会出现的失调症状。通过持续重复地观察，专家发现，诊所中半岁以上的儿童"因为无法摄取到足够的心灵养分而倦怠"。于是，他不再拘束他们、让他们只能在诊所的平台上闲逛，而是给他们安排了一些娱乐活动，带他们去一些对小孩来说非常新奇的地方玩耍散步，结果他们又重新变得健康起来。

通过反复大量的实验，我们可以得出结论：未满周岁的儿童对周围环境的感知印象是非常清晰的，因此，他们可以通过图片辨别熟悉的环境。但需要特别注意的是，印象获得后，儿童对它们就不那么感兴趣了。

出生第二年，鲜艳明亮的色彩、美丽的物什就再不能让儿童兴奋了。我们发现，这种异常欣喜的状态是敏感期的显著特征。同时，一些不太显眼的，或者说一直处在意识边缘位置的物品反而引起了他极大的兴趣。

我第一次察觉这种敏感性，是在一个15个月大的小女孩身上。她在花园里哈哈大笑，对一个孩子来说，这很反常。她一个人走出去，在平台的砖块上坐下，为某种活动迷醉。不远处有一个花坛，里面种满了天竺葵，沐浴着艳阳，花朵显得格外艳丽，不过，小女孩却没注意它们，反而专心致志地盯着似乎没什么东西可看的地面。我发现了存在于儿童身上的难以捉摸的奇特兴趣。我缓缓靠近她，认认真真地观察这些砖头，没发现什么特异之处。然而，小女孩却用一种异常庄重的语气告诉我："有一个小东西在那里，它在动。"得到指点之后，我发现砖头上确实有一只虫子在跑，它非常小，速度很快，颜色和砖头十分相近。就是这样一个会跑会动的小东西引得女孩哈哈大笑。她用比平时高出不少的声音叫喊欢呼，声音中饱含着好奇。她很开心，开心的源头却不是太阳、鲜花或任何一种艳丽的颜色。

让我印象深刻的是，类似的事情在一个约15个月大的小男孩身上也出现过。男孩的母亲为他收集了许多明信片，这些明信片色彩都非常鲜艳。男孩好像对它们极有兴趣。他把图片拿给我，还用孩子独有的表达方式对我说："吧——吧（指 bus，公共汽车）。"我知道，他是要我看图片里的汽车。

他的图片非常多，都很漂亮，显而易见，他母亲希望能用收集图片的方式让他开心，同时也教给他一些东西。

这些明信片有的画着蜜蜂、猴子，有的画着长颈鹿、鸟、狮子；有的画着孩子比较感兴趣的家畜——猫咪、母牛、绵羊、马、毛驴；有的则画着各式各样的风景，动物、人、房子等。但让人诧异的是，这些明信片里没有任何一张画着汽车。我告诉男孩："我找不到汽车。"男孩看了看我，从明信片中挑出一张，得意扬扬地说："瞧，在这儿！"这是张风景明信片，画面中央是一条漂亮的猎狗，远处是个扛枪的猎人，角落里画着一条蜿蜒曲折、仿佛道路的线条和一栋小屋，代表道路的线条上有个极小的黑点。男孩指着黑点对我说："吧——吧。"这的确是辆公共汽车，即使它小得近乎看不到。一辆按极小的比例绘出的公共汽车，想要发现非常的难，但小男孩对它很感兴趣，还觉得应该让我看到它。

我猜，那些更美丽、更有实用价值的明信片或许还没吸引男孩的注意力。于是，我从明信片中挑了一张画着长颈鹿的，解释给他听："瞧，这个长着长脖子……"男孩阴沉着脸说："长颈鹿。"瞬间，我失去了继续讲解的勇气。

可以确定的是，两岁左右时，儿童会经历一个特殊时期，这一时期，他的智力会在天性的引导下逐渐成型，在他彻底了解周遭环境中存在的事物之前，这一时期会一直持续。

在工作过程中，我也接触到了不少例子。我照料过一个20个月大的男孩，我拿了一本多雷①绘图、装帧精美的成人版《新约全书》想给他看。书中有一幅插画，是仿照拉斐尔②的名画《主显圣容》画的。我把插画指给男孩看，画中画了孩子们被耶稣召唤到身旁的画面，我告诉他："每一个孩子都仰视着耶稣，一个孩子被耶稣抱在怀里，其他孩子用头倚靠着耶稣，耶稣爱他们。"

男孩的表情告诉我，他对此毫无兴趣。他的身体扭来扭去，好像是在告诉我，我没照顾好他。我继续翻书，准备再找一幅插画。小男孩却突然开口说："他睡着了。"

他的话让我疑惑不已，我问："谁睡着了？"

男孩大声回答说："是耶稣，耶稣睡着了。"并示意我把书翻回去看看。

在他的示意下，我往回翻书，再次端详这幅画。画中，耶稣眼睑下垂、站在高台上、俯瞰着台下的孩子们，看上去确实像是睡着了。成年人不可能注意这样微小的细节，男孩却被吸引了。

我们继续看插画，当翻到一幅耶稣显露容颜的插画时，我

---

① 多雷，19世纪中后期，法国著名的插画家。

② 拉斐尔，意大利画家，生于1483年，逝于1520年，文艺复兴时期，声名大噪。

解释："瞧，耶稣要飞升了，人们非常惊恐。你看，那个妇人将手臂伸出，这个男孩眼睛在灵活地转动。"我发现，我选错了图画，孩子们对我的解释一点儿都不感兴趣。然而，有意思的是，我还发现，同样是面对这样一幅复杂的图画，成年人的反应与儿童的反应实在是大相径庭。男孩只是咕哝了一声，仿佛在说："知道了，继续吧。"他的脸上看不出任何被吸引的模样。我接着往后翻，我注意到他用手抓住了挂在颈间的一个挂饰，那东西看上去像是一只兔子，之后，他喊了一声："小兔子！"我猜："那个挂饰吸引了他的注意力。"可他却突然要求我把书翻回去。我照他说的做了。翻到《主显圣容》时，我注意到，画的一角确实画着一只兔子。没有哪个成年人会注意这些。儿童的智力视野与成年人截然不同，这种不同不仅表现在程度上，还表现在一个由小及大的过程中，这一点显而易见。

在成年人眼中，孩子似乎什么东西都没见过，所以，他们常会拿些非常平常的东西给三四岁的孩子看。然而，这就像一个人觉得另一个人听力不好，和他说话时尽力提高声调，却在付出巨大努力后听到他说"我不是聋子"一样。

在成年人看来，明亮的色彩、艳丽的物品、震耳的声音是最容易让孩子敏感且唯一能让孩子敏感的事物。的确，如此强烈的刺激肯定能吸引孩子的注意。我们发现，最吸引孩子不外就是钟声、歌声、亮光和随风舞动的旗帜。然而，这种外在的吸引虽然很强烈，却也很短暂，而且没什么益处。我们可以以自己的行为方式为参考与之对比一下。譬如，我们正兴致勃勃地阅读某本书籍，窗外的街道上突然传来管弦乐队的奏乐声，我们会习惯性地来到窗边，看看究竟发生了何事。若是看到一个成年人这么做，我们不可能就这么推断洪亮的音乐更容易吸引他的注意力，这不过是一种伴生现象，与儿童心理的发展毫不相关。为什么说儿童也有心理活动呢？证据就是，他们常专心致志地凝视着那些被我们忽略的小物件。然而，儿童专心致志地盯着小物件看，对它兴致勃勃，却不是因为对它印象有多深刻，而只是在展现一种"爱的智慧"。

在成年人看来，儿童的心理就是一个玄奥神秘的谜题。因为只能以它外在的表现，而非内在的活动机制为依据来对它进行判定，所以，这个谜题让人特别困惑。我们必须得承认存在这样一种事实，在某种完全可以被解释的原因的背后主导下，儿童完成了他的工作。无原因，无动机，儿童什么都不会做。我们可以解释说，儿童的每一个反应都源于一时兴起，但尽管是一时兴起，囊括的内容也很多。最关键的是，这个问题必须被解决，这个谜题需要被解答。从某种程度上说，找到答案并不容易，可这个过程又很有趣。成年人想要顺利寻到谜底，就必须放下过去傲慢的态度，以一种全新的态度来面对儿童，将自己当作学习者，而非支配者或者独裁者。在和儿童相处时，扮演独裁者和支配者角色的成年人多得几乎数不清。

此处，我想起了在画室的角落中与一群妇人进行的一场与儿童书籍相关的讨论。讨论开始的时候，一个 18 个月大的男孩正在我们身边安安静静地独自玩耍。讨论的内容从理论转向实际，也涉及了一些与幼儿书籍相关的话题。这时，男孩的母亲说："我看过一本名叫《小黑人萨姆博》的书。萨姆博的爸爸妈妈在小黑人萨姆博生日那天，送给他很多礼物，有帽子，有长筒袜，有靴子，还有颜色鲜艳的外套。萨姆博迫不及待地想要拿着新衣服去炫耀，趁爸爸妈妈为丰盛的晚餐做准备时，悄悄出了门。在街上，萨姆博碰到了各式各样的动物，他给所有的动物都送了礼物，为的是安抚它们。老虎从他那里得到了帽子，长颈鹿从他那里得到了靴子，等等。最后，赤身裸体的萨姆博哭着跑回了家，不过，故事的结局很温馨。爸爸妈妈为他准备了丰盛的食物，并原谅了他，从书末的插画可以看出这一点。"

就在其他人传看着男孩母亲拿来的图画书时，男孩却突然说："不，lola。"在场的每一个人都很疑惑，猜测这或许又是一个童年的未解之谜，但实际上，男孩将这句令人费解的话重复了许多遍："不，lola。"

他母亲告诉我们："男孩以前有个叫 lola 的保姆。"听到这些，男孩当时就哭了，还提高声音，喊着"lola"，似乎无意间陷入了某种情绪。最后，有个妇人将书拿给他，他将一幅画指给我们看。那是全书的最后一幅画，在封面背后，而非正文末尾。画上的小黑人正在伤心地哭泣。直到此时，我们才知道，他说的是"llora"，在西班牙语中，这个词的意思是"他在哭泣"，只是男孩将"llora"误读成了"lola"。

事实是，书的结尾并未描绘温馨的场景，封底还画着正在伤心哭泣的小黑人，所以，男孩的理解没有错，可所有人都没注意到这一点。所以，他母亲说"故事的结局很温馨"时，他才会反驳。他记得很清楚，结尾的时候，小黑人萨姆博正在伤心地哭泣。

显而易见，比起母亲，男孩读这本书时更认真、更仔细。即使他还没办法明确地表达自己的看法，也听不大懂妇女们的谈话，但他的观察力却惊人地准确。

毫无疑问，成年人与儿童有着截然相反的个性，这种差异不仅仅表现在程度上，还表现在属性上。

我们成年人，在某些时候，是会被儿童瞧不起的，因为我们看不到他们关注的最微小的细节。我们了解心理综合，知道要去看什么，但儿童不懂这些，他们还不了解看事物的方式，在儿童眼中，成年人因为做不到精准，所以很多时候都显得很无能。我们不屑去关心细枝末节，在儿童看来，我们就是愚钝的、麻木的。如果儿童能清晰地表达自己的观点，他一定会对成年人说，成年人一点都不值得信任，同样，我们对儿童也不信任，之所以会这样，是因为我们的思维方式存在根本的不同。

儿童无法理解成年人，成年人也不理解儿童，就是这个原因造成的。

第十章
成长的阻碍

睡　　眠

　　成年人与儿童的矛盾，从儿童可以独立行动起，就已经产生了。诚然，所有的成年人都不会彻底切断儿童听或看的途径，以致他无法通过感知的方式将世界征服。然而，在儿童能独立行走、活动、触摸各种各样的东西后，情况会变得截然不同。无论一个成年人多么深爱他的孩子，他内心深处，防御的本能依旧非常强烈、有力。那是一种无意识的担忧，糅合着贪婪，缺乏理性，总害怕某些东西被毁坏或弄脏。这种防御本能很复杂、很迫切，当它与成年人的爱子之心相冲突时，就会导致一种错觉，让成年人觉得有孩子就是世间最快乐的事，他已经做好了为孩子牺牲所有的准备，也愿意不惜一切来满足孩子的愿望。现在，存在两种心态，一种是成年人的心态，一种是儿童的心态，两者差异极大。如果不做一些必要的心理调整，儿童和成年人几乎不可能在一起生活。这里有一个非常严重的问题需要注意，那就是家庭生活中，成年人对待儿童的方式。

的确，这种下意识的防御心态，唯有在被遮掩的前提下，才能彻底被释放。"有责任让孩子养成好习惯"成了成年人掩饰自己贪婪本性的借口，因为贪婪，成年人小心翼翼地守护着自己的所有物。他们害怕安宁的环境被破坏，却用"多睡一会儿，孩子会更健康"的说辞当幌子。

为了不被孩子打扰，一个没什么文化的妇人可能会高声呵斥或打骂孩子并将他赶出家门。但之后，她又会热情地拥抱他、亲昵地吻他，以表明她爱她的孩子，她是个体贴的妈妈。

上层社会的人们都崇尚形式主义，他们很乐于接受爱、责任感、自制的表象等固有的呈现形式。然而，与底层出身的母亲相比，上层社会的母亲更讨厌孩子的纠缠，带孩子散步、哄孩子入睡、照料孩子等，全是保姆在完成。

上层出身的母亲总会对保姆表现出足够的谦逊、和蔼、耐心，为什么会如此，保姆们心知肚明，只要能把孩子带远一些，雇主什么都能忍耐。

开始学走路的时候，孩子很高兴，他以为自己能自由活动了，谁知不管他做什么，都会被诸多巨人拦阻。当年，希伯来人被摩西①从埃及带了出来，那时的情景与儿童现在的处境何其相似。他们历尽千辛万苦，从沙漠中走出，刚进入绿洲，就迎来了一场战争。抵抗亚摩利人②入侵的过程是艰辛的，希伯来人害怕了，因为害怕，他们在沙漠中漫无目的地漂泊了四十多年，只为能找到一片净土，因精疲力竭死去的人甚至比战亡的人还要多。

人都有捍卫自身财产、使其不受侵犯的本能。这种本能在存在冲突的民族中会变得更加强烈。自我保护的本能，源自人心灵深处的某种神秘，这种神秘一直藏在潜意识中。这种现象最明显、最早、最细微的表现方式，就是成年人对新生代的提防，怕他们打扰自身宁静的生活，怕财物被侵占毁坏。虽然成年人已竭尽全力，但这种侵犯仍在继续。这是一场关乎生存的战争，所以，他们豁出性命在战斗。

儿童的懵懂纯真与父母的关怀疼爱之间始终存在着冲突，只是这种冲突很隐蔽，而且是在潜意识中进行的。

成年人总是理所当然地认为："儿童应该多吃多睡，不该大声喧哗，不该四处乱跑，不该乱动大人的东西。"他们还认为，儿童最好能到户外去逛逛，即便周围都是陌生人也没关系。懒散怠惰的父母为了让自己轻松一些，还会走捷径——打发孩

① 摩西，基督教信奉的先知，犹太教创始人，公元前13世纪时犹太的民族领袖。
② 亚摩利人，古巴比伦王国的创建者，闪米特人的支脉。在《圣经》故事中，亚摩利人是犹太人的宿敌。

子睡觉去。

儿童不需要睡觉吗？谁也不敢给出否定答案。

然而，从本质上讲，一个伶俐的孩子、一个短时间内就选择服从的孩子，其实是不喜欢睡眠的。他需要去睡，也应该去睡，但我们必须得分清，什么是正常的、适宜的睡眠，什么又是人为的、强制的睡眠。众所周知，强者能以暗示的方式将自己的意志强加给弱者。成年人以暗示的方式影响儿童的潜意识，借此将自己的意志强加给儿童，让他们的睡眠时间远超个人正常的需求。

一些没文化的母亲经常光明正大地督促孩子去睡觉。乡野的农夫知道想让孩子多睡一会儿该给他准备怎样的枕头。必须得说，无论是博学的父母，还是愚钝的父母，抑或专门照顾孩子的保姆，对让孩子去睡觉都抱着赞成的态度，即使那个小生命生机勃勃、活力满满。过度睡眠的情况在富人家的小孩身上时有发生，这些孩子，有的两三岁，有的四岁，有的刚出生几个月。穷人家的孩子却不会如此。穷人的孩子一天到晚在街上疯跑，成年人没想过哄着他们、让他们去睡，因为，他们的父母并不讨厌他们。一般说来，比起富人家的孩子，穷人家的孩子更安静、更乖巧。人们觉得，"睡久一点"就像呼吸新鲜空气、吃饭一样，是健康不可或缺的因素。他们觉得，儿童必须要"像植物一样生活"。一个七岁的男孩曾经告诉我说，每天天刚黑，他爸妈就催促他去睡觉，所以，他从没见过星星。他告诉我："我希望能躺在山顶上看看夜晚的星星。"

许多父母都觉得傍晚入睡是个好习惯，他们为自家孩子能这样自觉而自豪，但事实上，他们这么做不过是为了给自己腾出更多外出的时间。

为儿童专门定做的小床不仅漂亮、柔软、带围栏，还能移动，但是相比之下，睡在成年人的大床上无疑会更舒服。对儿童来说，专门定做的小床就是个囚笼，他自己就是囚犯。如此，成年人就无须为了照顾他而低头弯腰，要离开时，也无须担心他会摔下来。虽然很可能会把儿童惹哭，却不会让他受伤，并且，儿童房的窗帘都是拉上的，没有光线透入，他也不会被翌日的阳光唤醒。

为孩子准备一张能满足他需求的小床，减少不必要的睡眠时间，对儿童心理的发展是非常有利的。这些权利应该属于孩子：累了就睡，睡好了就睁眼，愿意起床就起床。因此，我们的建议是，像多数家庭已经做的那样，舍弃儿童床，给孩子准备一张紧贴着地板的矮床，如此，孩子就能随心所欲，或躺卧，或起身。

许多貌似非常难解决的问题，都会因这一微小的改变，迎刃而解。一张和地板非常贴近的小床，和其他所有革新一样，对儿童心理的发展是有益的，而且很实惠。复杂的事物会阻碍儿童的发展，简单些的事物反而能促进儿童的发展。不少家庭已经开始实践了，在地板上放一张铺了软毯的小床垫，就能改变儿童的睡眠习惯。如此，一入夜，儿童就能开开心心地和成年人说晚安，然后睡觉，睡醒起床也不会吵到谁。类似的例子表明，强迫儿童服从自身意志，为照料孩子将自己弄得精疲力竭，是何等的谬误！事实上，因为自我防御的心态，成年人的作为与儿童的需要一直是相悖的，然而，这种自我防御的心态其实是能够被克服的。

所有的例子都向我们表明，成年人应该尝试着去弄清儿童真正的需要，满足他，并为他提供一个恰当的环境，只有这样，才能真正帮助儿童，才能在教育领域开启一个全新的纪元。成年人不该将儿童视作物品，在他还年幼时，像拎东西一样将他拎来拎去，等他略大些，更只能对成年人唯命是从。成年人必须明白，在孩子的成长过程中，他发挥的作用其实是次要的。可要克服这一障碍真的很难，尤其是对那些为了让孩子的生活更理性、更规律而做出各种努力的人来说。成年人必须对儿童有所了解，才能在他成长的过程中给予一些帮助与支持。孩子的母亲、老师都应怀抱这样的愿望并以此为目标。因为和成年人相比，孩子还很弱小，所以，在孩子个性发展的过程中，成年人必须努力去领会孩子的意思，并控制好自己。而且，成年人应该以不一样的态度来完成这些工作，以便能更好地理解孩子并成为孩子的追随者。

第十一章
行　走

成年人的行为方式应以适应儿童的成长为准则，自身的优势也应被放下。

对高等动物而言，适应幼崽的需要是一种本能。一个有趣的现象是，象妈妈带着小象回归象群时，体型庞大的成年大象们会自动放慢脚步，和小象的步速保持一致，小象累了，不走了，所有大象都会跟着停下。

所有国家中，都不乏类似的、对儿童照料有加的例子。一天，我遇到一对日本父子，父亲带着一岁半大的儿子在散步。我走在他们身后，看到年幼的儿子突然用手搂住了父亲的腿。父亲一动不动地站在那儿，孩子仿佛做游戏般绕着他的腿转来转去。等孩子玩够了，两人继续散步。没过多久，孩子在路边坐下，父亲站在他身旁，神色郑重，又很自然。他没做什么不同寻常的事情，只不过是以父亲的身份，和儿子一起散了回步。

对于一个正学着协调不同身体动作的孩子来说，散步是最适宜的运动，我们得知道，正在学走路的孩子，需要用这种协调的动作来获得平衡感。

虽然人也和别的动物一样有四肢，却必须用双腿来行走。猴子的手臂很长，这对它的爬行很有利。除了人，没有任何一种动物是靠双腿行走且能保持平衡的。四肢行走的动物，以对角的两肢站立，另两肢行走，交替进行，人行走时，则是双腿交替支撑。事实上，大自然已经用不同的方式解决了这一运动行走的难题。动物学走路依靠的是本能，人学走路靠的则是主观的努力。

儿童并非被动等待行走能力的降临，而是以练习走路的方式主动获得。孩子第一次学会迈步，父母会欣喜异常，因为这意味着孩子已经两岁，也意味着他开始了对自然的征服。对儿童而言，学会走路不啻第二次新生，他不再彷徨无助，他也能自主行动了。行走功能的发展完善从心理学的角度来说，意味着儿童的发展十分正常，没有异样，然而，即便已经迈出了第一步，为了让步伐更稳健、为了获得平衡感，个人仍需长时间的努力与实践。我们已经认识到，在一种难以抑制的冲动的驱策下，正在学步的儿童就仿佛克服万难、奔向胜利的士兵，不仅无所畏惧，还略有些鲁莽。因此，成年人才会用各种各样的障碍物当防护，把儿童围起来。哪怕是腿脚非常有力的孩子，练习走路的时候也必须待在学步栏里；即便孩子已学会行走，外出的时候，成年人还是习惯将他放进手推车推着走。

比起成年人，儿童的腿脚要短小不少，走不了长路，所以，他必须主动去适应那些步履匆匆的成年人。哪怕是跟着保姆出去，成年的保姆也不会迁就儿童，反而是儿童在适应她。换言之，保姆会把儿童放进推车，像是推着从市场买来的蔬菜一般，保持着自己的步速，直接来到室外活动的目的地，只有在公园里，儿童才被允许走出小车，在她的注视下走动一会儿。她之所以这么做，是因为觉得儿童的身体仿若植物，怕他受到伤害，在此期间，儿童的心理变化和基础需要，并不在她的考虑范围之内。

事实上，1.5～2岁的儿童不仅能连续走上数英里①，还能完成爬梯子、斜坡行走等颇具难度的动作。不过，就行走的目的而言，成年人与儿童实在大相径庭。成年人行走是有目的的，想去外部的哪个地方就直接去。儿童却不同，有步速，但相对来说十分的机械，他的行走是以完善自身、发展自身为目的的。他走得很慢，貌似漫无目的，而且毫无节奏，促使他行走的，往往都是他身边存在的能被他直接看到的事物。成年人若想给儿童提供些帮助，不仅要舍弃自己的步速，还要舍弃自己的目的。

我以前接触过一对青年夫妻，他们住在意大利的那不勒斯，最小的孩子仅18个月大。盛夏时，他们要去海边，必须走一段下坡路，这段路长约一英里，十分陡峭，所有交通工具都无法

_____

① 1 英里约合 1.6093 千米。

使用。夫妻俩要带孩子过去，可抱着孩子走实在是太累了，后来，这个难题被孩子自己解决了，他能自己走完这段路。有时候，他会停下看看花，有时候站着不动观察动物，有时候在草坪上坐坐。有一次，他盯着一头驴子呆立了将近一刻钟。这条路很长，通行困难，但这个孩子每天都要走一遭，不知疲倦。

我认识两个西班牙孩子，一个三岁，一个两岁，都能自己步行一英里。还有很多孩子，能在又窄又陡的梯子上来来回回玩上一个多小时。

谈到上下梯子，我不由得想起了那些为自己"不听话"的孩子忧心忡忡的母亲。有一个母亲因为她的女儿总发脾气而找到了我，想问我这是为什么。女孩才刚开始学步，但只要见到梯子，她就会尖叫，无论何时何地；被人抱着从楼梯上下来或上去时，她更是激动得不得了。母亲觉得，女儿之所以激动，也许并不是她想的那样。然而，令人费解的是，只要被抱着从楼梯上走下或上去，女孩都会激动，会泪眼蒙眬。在母亲看来，这不过是巧合，但事实已经很清晰了，台阶对孩子有很深的吸引力，她想自己上下楼梯，想在台阶上坐下，或想把手搁在上面。若是行走在空旷的原野上，双脚会被草丛遮没，手也无处搁放。然而，她能走来走去的地方只有这些，而且，成年人有时还会牵着她的手，或者让她待在童车中。

我们不难发现，孩子酷爱行走，喜欢跑动，滑梯上经常挤满小孩，他们爬上滑梯，从上面滑下来，坐下，然后起身。在街上四处乱跑的穷人家的孩子不仅能轻易避开车辆，还能攀住卡车门或汽车门边的座位。虽然这十分危险，但富人家孩子因为害羞胆怯而变得懒散迟钝的状况，在穷人家孩子身上却不会发生。这两类孩子，在发展方面，得到的帮助几乎等于无。穷人家放任孩子在危险的街道上出没跑动，富人家则用各种各样的事物将孩子围了起来，虽然是出于安全考虑，但这些事物也实在是太多了。

正处于发育过程中的孩子不仅在向成年人转变，还担负着种族延续的使命，可就像弥赛亚①说的那样，他"毫无容身之地"。

---

① 弥赛亚，犹太信仰中的人物，复国领袖，救世主。

第十二章
手

让人觉得有趣的是，心理学家认为，儿童发展过程中标志性的三步，有两个与运动有关，一是学步，二是学话。因此，这两种运动被科学家们当成了能窥探儿童未来的占星图。事实上，这是两种十分复杂的运动，它们的完成恰恰代表着，在运动与表达方面，儿童已经赢得了首胜。然而，若将语言视为思维的外在显现，那语言就是人独有的特征，行走则是动物与人共有的特征。

动物能跑能动，植物不能，这是两者的不同之处。当一些与众不同的器官成为运动的载体，行走就成了人的基础特征之一。但是，哪怕在空间运动方面，人的能力大到了能绕行地球的程度，但行走并非智慧种族的独有特征。

恰恰相反，手的运动才是与人的智慧联系最密切的运动，人的智慧是它的服务对象。我们很清楚，史前时期就已经出现的、经过磨光、削凿处理、作为人类最早用具的石块的存在，正是早期人类存在的有力证据。工具的运用，代表着某种有机生命的发展已经迈入了一个全新的发展阶段。石块上以手记载下来的语言，已成为人类历史的载体。对人来说，手的自由是基础特征，手能被自然运用时，就不再是运动的方式，而是智慧的载体。因此，智慧成了手的服务对象，进化不仅让人有了凌驾于其他所有生物之上的地位，还借由运动，将机能联合的特点明确显现。

人的手不仅精致，而且复杂，通过它，人不仅能展现自己的智慧，还能与所处环境建立起非同一般的关系。甚至，我们可以说，人能占用环境，能在理智的驱策下改变环境，能顺利完成地球赋予他的使命，靠的就是双手。

因此，如果我们想对儿童心理的发展状况做出评价，就必须以它们初次呈现时表现的现象——手的运用及语言为依据，进而考量其心理。我们应该对语言的发生及劳动过程中手的应用进行研究，这才顺应逻辑。

语言与手是人最外显、最重要，甚至可以说是独有的两种心理活动特征，借由潜意识的本能，人可以很好地认识它们，同时，它们还被看作社会生活中和成年人有关的某种形式的展现。譬如，一男一女结婚时，会手挽着手"盟誓"。订婚时，男子会"许诺"；在询问女子愿不愿意做他妻子时，会"将她的手握住"。盟誓宣读誓言时，他会"举起手"。在宗教仪式里，手还被用来表现一种较为强烈的自我。彼拉多①曾在公众面前，似是虔诚、似是象征地净手，以示耶稣之死与他无关。神父总是在弥撒进行到最庄严的步骤时表示："我即将在没有罪孽的民众间洗净双手。"但事实上，在走上祭台之前，他就已经洗净了双手，在祭台上，他清洗的是手指。

通过这些例证，我们发现，在潜意识里，手被人当成了"自我"的一种展现。若真是这样，那最基础的人类活动中，孩子手的活动就是最神圣、最匪夷所思的，任何其他行为或事物都无法超越它。所以，我们当满怀虔诚地盼望着儿童将手伸向外界某个物体的瞬间。

这是儿童首次有智慧地将手伸出，这最初的行为意味着儿童的自我正试图融入这个世界，对此，成年人应抱持赞美的态度。可恰恰相反，成年人担心儿童的小手抓到一些不太重要、本身又没什么价值的事物，所以想方设法地把这些事物都藏了起来。他总是不断地说："不要碰！安静！"就像他始终重复"别碰"这句话一样。

这是潜意识中因焦虑而生的阴影，在它的作用下，成年人筑就了一道防线，还不断请人协防，仿佛他们正在秘密地与一种侵犯了他们的财产、打扰了他们的安宁的力量战斗。

将一些儿童能听到、能看到的事物添到他所处的环境中，

————————

① 本丢·彼拉多，罗马帝国犹太行省总督，《福音书》记载，他曾多次主持审判耶稣，因仇视耶稣的犹太宗教领袖的压迫，被迫将无罪的耶稣定罪，最后，耶稣被钉死在十字架上。

能帮助他更好地构建心理的最初结构。因为儿童自我的发展需要依靠身体和手的活动，所以，他需要一些"活动的动机"和工作的道具。然而，这种需要被很多家庭忽视了。儿童身边的东西大多都是成年人会用到的，这些对儿童而言，都是"不允许触碰"的事物，是禁忌品。一旦儿童碰了，就会被责骂，甚至惩罚。顺利抓住某种物品的孩子，就像是叼住了骨头的小狗，它饿坏了，躲在角落里，不停地啃食着骨头，试图从这没什么营养的物品中汲取营养，还担心它会被人抢走。

儿童的运动是受自我意识驱策的，是一种有组织的运动，不具备偶然性，运动时，协调是不可或缺的。以数之不尽的协调经验为依靠，自我将外在的器官与内在的精神统合起来、做出协调。儿童不仅要有行动的决策权，还得独立完成这一行动，因为他的自我正在塑造，所以，他的运动有着属于自己的独有特征，既不随机，也不具备偶然性。儿童并非只会跳跃、抓东西或者漫无目的地跑动，导致满屋狼藉。他也能从别人的行动中获得颇具建设性的启示。他试图以模仿的方式像成年人那般操控或使用事物。因此，家庭活动与社会活动对儿童的活动有着直接的影响。他想洗衣服、洗澡、梳头，想穿衣、洗盘子、扫地，等等。可以用"模仿"来形容儿童的这种天赋倾向，但这并不是多准确的表述，譬如，儿童的模仿与猴子的模仿截然不同。儿童是有智慧的，他的心理结构主导着他所有的建设性活动。认识先于行动，所有活动都受心理支配。在做某件事之前，儿童已经知道自己要做什么。看到某人在做某事，他会试图模仿。同样的情况，在儿童的语言发展过程中屡见不鲜。

通过倾听周围人说话、记住听到的词汇，儿童学会了说话，然而，在使用词汇时，他会选择某个需要的情境，而不是像鹦鹉学舌那样，哪怕他也是在模仿，但两种模仿是完全不同的。这种不同十分关键，一方面体现了儿童和成年人之间的联系，另一方面，它让我们更深入地认识了儿童的活动。

有目的的活动

在儿童可以用一种符合逻辑的方式如成年人那般做出准确行动之前，他的行为已具备目的性，对成年人而言，儿童使用物品的方式总是令人费解的。一般来说，这种情况在 1.5~3 岁的孩子身上经常发生。举个例子，我见过一个 18 个月大的孩子，他发现了一叠餐巾，它们整整齐齐地叠放在一起，刚刚被熨平。他将一块餐巾小心翼翼地拿起来，捧着它，为了保证餐巾不散开，他还伸出一只小手，放在餐巾上面护着它，之后，他横穿房间，把餐巾放在房间斜对面一处角落的地板上，并说："一块。"之后，他原路返回，这代表着某种敏感性正指引着他。再次横穿房间后，他用相同的方式将第二块餐巾拿起，十分小心地捧着，顺着与之前相同的路线行走，将第二块放到第一块上面，再次呢喃："一块。"同样的事他做了很多遍，直到所有的餐巾都被放到斜对面的角落。之后，他又倒转过来，将餐巾从斜对面的角落拿到原先堆放餐巾的地方，一块又一块。

比起最初的时候，餐巾堆放得有点倾斜、不太完美，但不可否认的是，它很整齐，折叠得也不错，没有散开。家里人都不在，孩子的搬运很顺利，对他而言，这确实很幸运。成年人无数次在儿童背后大吼："放下它！住手！"因为乱碰东西，孩子嫩白的小手不知道被成年人打了多少次！

另一项让儿童沉迷的基础活动是将瓶盖取下来再盖上，在瓶盖是能够折射出彩虹色彩的玻璃瓶盖时，这种情况尤其突出。他们很喜欢取瓶盖，也很喜欢盖瓶盖。另外，打开或扣上盒盖、橱柜门、大些的墨水瓶盖，也是孩子很喜欢的一项活动。为了某些物品，成年人与儿童不可避免地会发生冲突，这很正常，因为父母桌案上的物品、起居室里的部分家具，对孩子总有一种天然的吸引力，但父母不允许他们去触碰。最后，冲突以孩子"不听话"终结。但事实上，孩子喜欢的并非玻璃瓶或墨水瓶本身，让他们不满的是，没法用某种事物来完成相同的活动。

诸如此类漫无目的的、毫无逻辑的活动，就是儿童早期最基本的活动。我们为处在初期准备阶段的幼儿们设计了许多感官器材，如按照大小井然排列、且能嵌入木板上相应大小的孔洞中的多个圆柱体。因为儿童生活的某个时期的某些需要能被这些感官材料来满足，所以大获成功。

按理说，给孩子自由并不是多难领会的话，可某种思想在成年人心中已根深蒂固，受它影响，想要自由显得格外不现实。哪怕一个成年人已经允许孩子自由搬运、触碰某些事物，但他内心深处禁止孩子这么做的冲动依旧难以抑制。

　　一位年轻的纽约妈妈很熟悉这种自由理念，希望在自己两岁半的儿子身上实践它。这天，她儿子将卧室中一只装满水的水罐端了出来，想要将它带到客厅。这位母亲始终观察着她的儿子，发现儿子非常紧张、尽可能地放慢脚步、从房间走过时还不停地提醒自己："小心！小心！"水罐分量不轻，母亲觉得她该帮助她的孩子。于是，她把水罐拎起来，放到了儿子想要放的位置。但孩子很难过，似乎很受伤。母亲承认，儿子的痛苦是她一手造成的，但她并不觉得自己做错了。她说，她也知道孩子正在完成的是一项十分必要的工作，但在她看来，为了完成一件她瞬间就能完成的事情，让孩子耗费大量的精力和时间，并不合适。

　　这位女士曾咨询过我，她说："我很清楚我这样做不对。"我从另一个角度思考这个问题，成年人之所以禁止孩子去做，实际上是在本能的驱使下试图去保护个人财产。我询问她："你有质地较好、质量较轻的瓷器吗？譬如杯子。可以把它给你的孩子，看看他要做什么。"这位女士采纳了我的建议。之后，她对我说，她儿子小心翼翼地端着杯子，一步一停，最后，平安地将杯子带到了他想带过去的地方。在此期间，母亲心中喜忧参半：儿子能工作让她欣喜，杯子的处境却让她十分担忧。因为这两种情绪彼此平衡，所以，她允许儿子做了他最渴望做的事情，这项工作的完成，从心理发展的角度而言是十分必要的。

还有一次，我交给一个 14 个月大的女孩一块抹布，如此一来，她就能完成清洁工作了。她拿着抹布，坐下来，擦拭着各种各样有光泽的物品，这项工作让她很开心。可女孩的母亲却觉得这么小的孩子不需要考虑什么卫生习惯，我把抹布交给女孩的行为，让她很是不满。

工作是儿童的一种本能，有些成年人对此一无所知，所以，这种本能初次展露时会让他觉得匪夷所思。成年人意识到，他必须舍弃正常的社会生活，舍弃对环境的支配，克制个性，付出巨大的牺牲。对成年人社会来说，儿童始终都是外人，然而，像现在我们所做的那样，将孩子从社会环境中剔除，又会对他的成长不利，就仿佛我们在禁止他学说话一样。

解决这一矛盾的最好办法是，我们为孩子准备一个能更好地展现自己的、合适的环境。儿童牙牙学语时，并不须任何辅助，他的话语声总能为家庭带来欢乐。然而，手的工作却需要"动机"，以便他能以更适宜的手段达到自己的目的。儿童花费在活动中的体力，往往超出我们的认知。我有一张相片，相片上的女孩抱着一只她的双手根本就抱不动的巨型面包，为了保持平衡，这个年幼的英国女孩不得不挺起肚子，让面包紧贴在自己身上，以至于她走路时根本就看不到自己的脚，不知道自己的脚要踩哪里。相片上还有一只一直陪伴在女孩身边的狗，从始至终，狗的视线都没离开女孩。情况看上去很紧急，似乎下一刻我们就该冲出去帮助她。作为相片背景的成年人目光始终追随着女孩，他们必须竭尽全力压制自己冲过去帮孩子将面包拿起的冲动。

　　如果环境适宜，有时候，幼儿在工作的时候会展现出一种让我们赞叹的早熟与精准。

第十三章
节　奏

如果成年人不知道儿童是以手的运动来完成工作本能的首次展现的，如果成年人不知道手的运用是儿童生活的一部分，那么，对儿童来说，成年人的存在就是障碍。本能的防御并不是造成这一切的唯一原因，还有其他原因存在，其中之一就是，成年人关注的是工作外的目的，并以自己的想法为依据来决定完成工作的方式。成年人遵循的是"最大效益法则"，他希望用最短的时间以最直接的方式来达成目的。当看到儿童耗费大量的精力来做一些他转瞬就能完美完成的事情，且毫无成效时，他会非常难受，会迫不及待地去帮孩子。

孩子总是热情满满地做些琐碎的、毫无意义的滑稽事，这让成年人难以理解。看到桌布歪了，孩子就想按记忆中的方式把它重新铺好。如果他能付诸行动，他会竭尽全力、饱含热情地去做这件事，即便做得很慢。对处在心理发展阶段的儿童来说，最主要的任务其实是记忆，如果能将一些事物整理好，就是很开心的事情了。就算得不到成年人的帮助，通过自身的努力，儿童也能将事情做好。

成年人不会因为孩子想自己梳头而开心，反而会觉得这个可贵的想法是对自己的攻击。他很清楚，孩子不可能在短时间内将头梳好，梳的头也肯定非常不标准，但成年人能又快又好地完成这一工作。虽然儿童正在进行的活动极具建设性，但这时他看到的却是，像巨人般强壮有力的成年人拿着梳子走到镜子前，坚决表示，头必须由他来梳。和成年人争辩没有任何意义。相同的情况，在孩子试图自己穿衣、系鞋带的时候也会发生。儿童的每一个想法都会受阻。

儿童迥然不同的节奏与行为方式以及经常做些没必要做的事情的表现，常会让成年人着急。节奏是一种必须重新去诠释、理解的理念，轻易无法改变。所有人的行动都秉持着一种节奏，如体形一般，节奏也是人内在特征的一种。不得不强迫自己去适应他人的生活节奏，是件非常痛苦的事情，发现别人的生活节奏与我们类似，则令人欣喜不已。

譬如，与偏瘫的人同行就是一件令人痛苦的事情。中风的人颤巍巍地用手将杯子举到唇边的缓慢与正常人自由敏捷的行动之间存在着非常强烈的反差，这种反差的存在，也是我们痛苦的根源。如果我们试图给他一些帮助，就要让他顺应我们的节奏，这样我们才能自痛苦中脱离。

类似的事情，在成年人与儿童之间也有发生。如果儿童的行动显得非常缓慢、非常笨拙，成年人就会下意识地去阻止，像是在强迫性地驱赶烦人的蝇虫。

但成年人能容忍儿童迅捷而强烈的活动节奏，能容忍儿童因活力满满造成的种种无序与凌乱。每当此时，选择袖手旁观的成年人总会表现出相当程度的耐心，因为他发现部分事情很明晰且易理解，对有意识的行为，成年人总能很好地控制。可是，儿童迟缓的行动却总能激发成年人的干预心，他们觉得自己必须这样做，必须替儿童去做某些事。可做这些的时候，成年人给予儿童的并不是心理上最基础的帮助，而是想要代替儿童，禁止儿童做某些事，所以，对正处于自然发展状态中的儿童来说，成年人成了最大的阻碍。人类最古老、最具戏剧性的战争，即儿童想要独立成长的愿望，就在那些"不听话"的、想要自己洗澡、穿衣、梳头的儿童满含绝望的哭声中被揭示开来。

没有人会想到，对儿童来说，成年人多余的帮助竟是他必然要经历的种种压制中的第一个，而且，这种压制，在日后的生活中，可能会对他产生非常严重的负面影响。

在日本人根深蒂固的传统观念中，有一种与儿童的痛苦息息相关。小石块，或者一些与之类似的东西，会以亡者祭礼的形式，放在儿童的坟墓前。父母觉得，放些石块在儿童墓前，就能帮助儿童抵御因为被异世界恶魔攻击而造成的痛苦。恶魔会在儿童建造某些东西的时候，会撞倒这东西，并将它毁灭。而满怀着父母之爱的石块却能帮儿童将一切重建。逝去的儿童将承受苦难，这是个令人印象非常深刻的例子，这代表着我们已在潜意识中认可了来世的存在。

第十四章
人格的替换

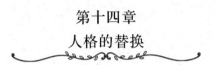

　　成年人对儿童的替代，不仅表现在行动上，还表现在意志上。如此，儿童被迫接受了成年人的意志，行动的就不再是儿童本人，而是将儿童取而代之的成年人。

　　夏尔科曾在某座遐迩闻名的精神病院中，以癔症患者为目标对象，以催眠的方式完成了一项轰动一时的实验，实验证明，人格确实是可以替换的。过去，人们一直认为人能主导自己的行为，这是人格的基本特征，夏尔科的实验似乎给这种观念造成了一定的冲击，实验证明，在被催眠的情况下，本身的人格会丧失，会以暗示的方式被另一种人格取代。

　　虽然接受实验的人并不多，所有实验都是在诊所中展开的，但一个全新的领域因此被开辟，双重人格、心理状态的升华、潜意识等成为心理研究的重点，甚至，人们还倾向于以心理分析的方式对潜意识进行探索研究。

处在童年阶段的孩子，个性正在形成，敏感性持续发展，已经有了自我意识，极具创造性，也非常容易被暗示影响。此时，成年人的人格能悄无声息地潜入儿童的意志中，激发并改变它。

在我们的学校里出现过这样的情况：在教孩子如何去做某件事时，如果我们以非常夸张或过于热情的方式来示范，孩子的自主行动力及人格判断力就会被削弱。换言之，作为活动主导者的儿童的本我意识与活动分离了，一个全新的自我取代了它，虽然替代者更强大、更有力，可那并不是儿童自己。在没有成熟之前，儿童本身的人格就被来自外部的另一个自我取代了。一般来说，成年人虽然能以催眠、暗示的方式来主导孩子，但他并不想这么做，在有意识的情况下，也会抗拒这种情况的发生，甚至可以说，他对这种影响实际上一无所知。

我曾经遇到过一些与此相关的十分有趣的例子。一次，一个两岁大的孩子将鞋子放到了铺着雪白床单的床上，我看到后，不假思索地跑了过去，将鞋子拎起来，放到房间的一角，说"这东西很脏"，之后，还用手掸了掸床单上放过鞋子的位置。自那之后，不管什么时候，只要看到鞋子，小家伙就会跑过去，把鞋子拎起来说"这东西很脏"，然后跑到床边，用手按住床单，做出掸一掸的动作，即使鞋子根本就没被放到床上过。

类似的例子还有。一位青年女性收到了一个装着礼物的邮包，她很开心。盒子打开后，她看到里面放着一块丝质的手帕，就将手帕给了年幼的小女儿，还拿出放在盒子里的喇叭轻轻吹了吹，女孩开心地喊："音乐，音乐！"过了一段时间，只要抓住手帕，女孩就会开心地叫嚷："音乐，音乐！"

对儿童来说，成年人的不允许很容易成为一种束缚，但这种束缚对激发儿童反应没什么显著的效果。这种情况多发生在一些自控力比较强且有着良好教养的成年人，特别是优雅文静的保姆身上。有一个例子十分有趣，一个四岁左右的小女孩待在自己家里，身边只有外祖母陪伴。她家花园里有座人造喷泉，她想拧开开关，看喷泉喷水，可刚把手伸出去，她就收了回来。外祖母鼓励她勇敢些，她却说："不行，保姆不让我这么做。"女孩的外祖母便劝说她，这是你的家，外祖母同意你这么做。女孩开心地笑了，笑得很满足，一切都代表着，她希望能见到喷泉喷水，她把手伸出去，但没有打开开关，最后她还是把手缩了回去。对女孩而言，外祖母的规劝显然不如不在场的保姆的不允许约束力大。

一个七岁左右的男孩身上也发生过类似的状况。他坐在那里，凝视着远方某个对他极有吸引力的东西，他站起身来，试图走向那东西，下一刻，他却退回原地，重新坐下，好像因为没办法让意志不动摇而倍感痛苦。是什么让他无法迈步？我们无从得知，因为，儿童已经遗忘了与之相关的一切。

对环境的热爱

对儿童而言，内在敏感性的扩张对心理成长是非常有益的，对暗示的敏感，就是这种扩张的表现之一。我们可以用"热爱环境"来诠释这一点。儿童渴望观察一切事物，所有被观察对象都能吸引他们，成年人的行动更易引起他们的关注和模仿。就此而言，成年人还担负着化身为书、激励并引导所有打开书页的儿童去行动，并正确行动的使命。然而，要做到这一点，成年人的行动就必须始终保持着平缓的节奏，如此，正盯着他看的孩子才能把他行动的每一个细节看清。

如果成年人不愿如此，反而保持着一种迅捷有力的行动节奏，那对儿童而言，他的行为就不是激励与引导，而是自身意志的一种强加，是在以暗示的方法将儿童替代。

就像磁铁能将各种不同的物体吸住一样，对儿童来说，只要是有吸引力的东西，都能形成暗示，哪怕这些东西只是一些感官对象。心理学教授莱文用影片的形式对这一有趣的心理现象做了清晰的说明。他之所以做这个实验，是希望能辨别出在面对同一物体时，我们学校里一部分身心不健全的孩子的反应与正常孩子存在哪些差异。两组孩子所处环境一致，年龄也相仿。

我们看到，影片中出现了一张摆放着各种物品的长桌，一些我们设计的感官材料也在其中。一组孩子进入教室，很快就被各种他们感兴趣的物品吸引了。他们生机勃勃，笑容满面，因为能接触到这么多不同的物品而欣喜。孩子们一人拿起一件物品，开始工作，之后，他们放下第一件物品，拿起其他物品，继续工作，如此这般，反反复复，一项工作接着一项工作。这是第一种情景。

影片继续，下半部时，第二组孩子进入教室，他们走得非常慢，停下来后几乎没人去碰那些物品，而是懒散地站在物品边，四处打量。这是第二种情景。

这两组孩子，哪一组是正常的？哪一组身心不健全？生机勃勃、步履匆匆、高兴地玩弄着每一件物品，一件换一件的孩子才是身心不健全的。在看影片的很多人眼中，这组孩子是非常聪明的，因为所有人都习惯性了以活泼、开心、接连不断做事作为聪明的标准。

但事实恰好相反，正常的孩子走动时很沉着，他们会长时间伫立，以考量的目光注视着物体。他们用一种令人惊讶的方式告诉我们，安静、行动有分寸、考虑周详才是孩子身心健全的标志。

莱文教授的实验结论与普遍流行的观念是相悖的，因为在一般环境下，聪明的孩子的行为与身心不健全的孩子的行为存在惊人的一致性。我们看到，对正常的孩子来说，缓慢行走、沉思都是较为新奇的体验，但他的行动是受理性支配的，他能控制自己的行动。这些孩子会被出现在他们眼前的部分物品所激发并自由操控它们。无节制的活动和失控的自我是毫无价值的。所以，重点在于，所有孩子都该将自己的运动器官掌控起来，而不是以某种方式胡乱走动、漫无目的地去感知。

在理性指导下活动以及对敏感刺激不做简单的反应，这种能力会导向专注，这种对某件事物在心智和行动上凝聚全部的注意力，是内心活动起源的一种征象。

从个人的角度来看，行动时保持审慎的态度，懂得沉思，才是正常的。我们可以以"内在纪律"对这种秩序进行概括。井井有条的外部行为是内部纪律的表征。内在纪律的缺失会导致个人的失控，不能自已，被他人意志支配，抑或如飘零的船只一般，被外部环境牺牲。

被他人意志支配的孩子，做起事来不可能井井有条，因为外部环境与行动之间缺乏必要的联结。如果发生了这种情况，我们能说，某人人格分裂了。如果受害的是孩子，那他的发展前途会被彻底葬送。他本该有属于自己的本性。可以将这类孩子比作在沙漠中降落的人，他们靠气球落下，一阵风吹来，气球飞走了，他被独自留下。他发现，周围所有的事物都无法代替气球。所有人都可能遭遇这样的情况。遇到这种情况的儿童必然会对成年人吵闹。儿童的心理还处在发展阶段，是隐匿的，外显的方式也非常混乱，换言之，成年人的环境好像已经毁了他。

第十五章
活动能力

应该认真对待身体运动和活动在心理发育中的重要性，将活动划归身体的各种功能，但是不能充分区别类似的营养吸收和呼吸等植物性生命功能，这是一个可怕的错误。事实上，活动只是被看作正常身体机能——如呼吸、消化和循环——的辅助功能。

虽然活动能力是动物性的特征，但它也能对植物性生理活动产生一定的影响。我们几乎可以说，肢体活动从开始到结束都伴随着所有的身体活动，但是仅仅从身体的角度来认识活动就大错特错了。参加体育活动不仅有利于身体健康，激发勇气和信心，还能对精神产生影响，它可以唤起一个人的理想，激发观众的巨大热情。体育运动给心理带来的影响程度，远比对身体健康的影响高。

儿童的成长和进步是靠个人的努力和与他人的接触来实现

的，所以他的发展同时取决于身体因素和心理因素。对于儿童来说，极其重要的是能够回忆起他所接受的印象，并准确而清楚地将其记忆在脑海中，因为正是通过对所接受的印象的感知，自我才能形成智慧。儿童的理性就通过这种内敛的工作得到了发展。说到底，人和非理性动物的区别就在于理性。人们可以做出理性的判断，然后通过自愿的行动来决定自己的行动方向。

实际上，成年人通常不会等待孩子的理性随着时间的推移而发展，也不会试图帮助他们发展，反而用自己的推理过程来对抗孩子发展中的推理能力。当孩子的活动打扰到成年人时，这种情况更容易发生。我们都清楚，对儿童来说，运动非常重要，它是人的自我完善，是功能层面上，创造性的一种体现。世界赋予了儿童使命，儿童用以运动影响外界的方式履行着使命。运动既是一种个人自我展现的形式，也是一种必不可少的智力发展因素，因为要在自我与外部现实之间构建起一种明晰的联系，唯一的方式就是运动。但是，日常活动或体育活动因此是智力发展的一个基本因素，这取决于来自外界的影响。我们通过活动和外部现实进行接触，并通过这些接触获得抽象的概念。身体活动连接心灵和世界，但心灵需要具有获得概念和向外部世界表达自己的双重意义的活动。活动或肢体动作可能是非常复杂的，一个人的肌肉是如此之多，以至于不是所有的肌肉都可以被使用，甚至一些人可以控制的肌肉也没有被使用。芭蕾舞演员能够调动和使用熟练的外科医生或机械师都不会用到的肌肉，反过来也是如此。运用肌肉的能力也会影响个性的发展。

为了让肌肉保持健康的状态，每个人都应该进行足够的锻炼，这样才能通过一些特殊的活动，让某些肌肉变得发达。如果大部分肌肉没有充分发挥它们的潜能，那这个人的生命力就会变弱。

如果应该运作的肌肉处于休眠、不活跃的状态，不仅生理功能会受到抑制，心理功能也会受到抑制，这就是锻炼也能对一个人的精神能量产生影响的原因。

认识到体育活动与个人意志之间的直接联系，可以帮助我们更充分地理解体育活动的重要性。生物体所具有的各种植物性功能虽然与神经系统有关，却有着独立的意志。每个器官都有自己独特的功能，以固定和持续的方式运作。

不同的细胞和组织有它们自己独特的任务。它们就像是专家，虽然精通自己的专业工作，却无法做自己专业以外的事情。这些细胞、组织和肌肉之间的本质区别在于，尽管组成肌肉的细胞有它们自己的特殊工作，但它们也会按照命令完成，而不是单打独斗。就像士兵等待上级军官的命令一样，它们不会在没有命令的情况下完成行动。

在没有外部指令的情况下就能工作的是负责产奶或分泌唾液、摄入氧气和抵抗病菌的细胞，这些细胞不断协同工作，以维持整个身体的健康，它们的努力就像劳动者对社会福祉与和平做出的贡献。

比起这些无意识细胞和组织的固定活动，人类的肌肉相对自由，能够迅速回应个人意志的每一个指令。只有通过长期的锻炼和练习，肌肉才能准备好服从命令。在这种情况下，必须一起工作的肌肉群才能一起按照指令发挥作用。

在执行意志的命令时，人体有时要进行大量复杂的活动，因为愿望要通过活动来实现。在孩子想要实现愿望的时候，我们要向他伸出援手。孩子天生就希望能够自主地使用他的运动器官。如果他不能做到这一点，他就不能把他的智力成果外化。因此，意志既是行动的工具，又是心理发展的工具。

在蒙台梭利学校，有这样一个有趣和令人惊讶的发现：儿童在完成自己的任务时，表现出的爱和勤奋。一个自由自主的孩子不仅是一个试图从周围环境中收集大量感官印象的孩子，也是一个喜欢认真地做自己事情的孩子，那时他的心灵似乎在现实和自我实现之间徘徊。在寻找适合自己的行为方式时，儿童是一个发现者，一个不墨守成规的人，一个非常好的执行者。

第十六章
理解力的缺乏

运动对儿童非常重要，成年人对此却一无所知，进而成为儿童运动的阻碍者。

一部分科学家、教育家还未意识到在人类的发展过程中运动的作用究竟有多重要，这一点显而易见。但是，如果活力，或者说运动的概念，早已被划入动物的范畴，那动植物最根本的区别就在于：动物能四处活动，植物必须根植泥土。既然如此，我们有什么理由不让孩子运动？

通常，人们总会下意识地对称赞儿童的不同词句表示认可。有人用"稚嫩的花朵"称赞儿童，这代表他很文静。有人以"小天使"称赞儿童，这说明他很活泼，但他是另一个世界的生灵，人类社会没有。

一切都昭示着人类的心灵盲目得匪夷所思，这种盲目甚至远超弗洛伊德——一位心理分析学家——所主张的人类潜意识中存在的"心理盲点"。即使潜意识的玄奥深邃已经被科学接纳，却又难以证明，这一事实，恰恰证明了，这种盲目到底有多深。

在心理发展过程中，感觉器官起到的重要作用是毋庸置疑的。所有人都知道，耳聋眼盲的成年人或孩子心理发展的历程总伴随着重重困难，因为眼与耳是心灵的窗户，看到与听到的外部事实构成了人的"智力感觉"。没人会否认，从智力角度来看，感官健全的人比耳聋眼盲的人要高出许多。听不到、看不到是非常不利的身体条件，但它并不影响人的健康。然而，若是觉得听不到、看不到的儿童仍然可以拥有深厚的文化水准、成为社会的道德楷模，无疑是非常滑稽可笑的。

尽管如此，人们依旧很难接受运动是影响智力与道德发展的极重要因素这一观点。一个在发展阶段无法运用自身运动器官的孩子，发展一定迟滞，比起那些看不到、听不到的人，他与"智力感觉"相距甚远。

一个无法自由掌控肉体的人遭受的痛苦比耳聋眼盲的人更大、更明显。耳聋眼盲的人虽然失去了接触外界的途径，可在经过一段时间的适应后，他的其他感官会变得异样敏锐，这种敏锐，多多少少都能对他被剥夺的感官做些填补。然而，运动却是人个性中无可替代的一部分，无法运动就会脱离生活，就等同于自残。

通常，在谈及"肌肉"时，人们总会习惯性地将它幻想为身体的某类器官。这种认知与我们对精神的认知相矛盾。精神不具有物质性，自然也不受任何机制约束。

从人心理发展与智力发展的角度来看，运动的重要性远远大于视觉与听觉。这是对部分现有并广泛流传的理论的一种挑衅。但是，我们的眼与耳发挥作用的前提，其实是对某种物理规律，或者机械规律的遵循。眼睛被认为是"栩栩如生的相机"，诚然，它确实有着非常玄奥的结构。耳朵也仿佛一支有着能振动的丝弦按键的爵士乐队。

然而，在智力发展过程中，这些无与伦比的工具所起的作用并不是机械的，我们更乐于利用它们对自我进行思考。自我通过这些新奇且生机勃勃的工具实现与世界的联结，并借此满足心理的一些需求。日出日落、工艺品、山川风物、音乐的奏鸣、清亮的嗓音都折射着自然美，内在的自我能从中持续获得各种各样的感官印象，这些感官印象滋润着人的心理，并为它提供了必备的养料。

自我是感觉印象唯一的接收器，是力量真正的载体，是仅有的掌控者。如果各种自然美景无法让自我感受到欣悦，那么感官机制的存在还有什么意义？视觉与听觉本身并不太重要，但它们有着更高层次的目标，那就是塑造自我并辅助自我发展。

我们可以以类推的方式诠释运动与自我的关系。毫无疑问，运动是多器官的协同，虽然这些器官与眼球内的晶体、耳内的鼓膜截然不同，不具备高度专业化的特性。如何激发自我、让自我将运动工具掌握，让比感知更高级的本能对运动进行引导，是人类最基本的生存问题，也是最基本的教育问题。一旦上述必要条件处于缺乏状态，自我将从整体上被摧毁，那么，自我与持续发育的身体便无法融合。

第十七章
爱的智慧

人遵循规律完成所有的工作，自我的实现，自身的协调发展，以爱为表征的意识的显现，都标志着人的身心健全。

爱是结果，而非冲动。它仿佛一颗被阳光照耀的行星，是一种本能的动力，是生命创生的源泉。爱在创生时出现，因此，儿童的意识中充满了爱。爱是儿童自我实现的途径。

我们能够想象到处于敏感期的孩子那种试图将自身与外部环境联结在一起的不可遏制的冲动，事实上，这意味着他非常热爱环境。和普遍意义上的爱恋不同，它是一种激情，可供吸收、可被理解的智慧才是它爱的对象，它是一种因爱而生的爱。但丁①将这种引导孩子们对事物进行观察的自然欲望叫作"爱

---

① 但丁，13世纪末意大利遐迩闻名的诗人，欧洲文艺复兴时代的开拓者与奠基人，《神曲》的作者。

的智慧"。

实际上，在爱的影响下，孩子总能以一种既敏锐又炽烈的方式对他所处环境中某些常被成年人忽略的事物进行观察。爱有什么特征呢？能敏感地发现被别人忽略的事物，能揭示别人不曾关注的细节和事物的专属特征。人们可能会问："莫非爱是发现它们的唯一途径？"没错，因为孩子智慧的诞生、兴趣的生成都是通过爱完成的，所以，许多成年人视而不见的事物，他都可以看到。

在成年人眼中，热爱环境好像是儿童的本能，这种活动让他快乐，但成年人并不觉得这是一种与创造力伴生的道德美，也不觉得这是一种精神方面的力量。

儿童的爱天生单纯，因为他爱，所以有可能接受到那些感官印象，那些印象给他的成长提供了方法和工具。

儿童深爱着成年人。成年人赋予儿童深切的爱，为他提供了他所需的所有物质。这是儿童自我发展的必要条件，对他而言，成年人是值得尊敬的。成年人的唇仿若喷泉，儿童在它的引导下，掌握了必须要掌握的词汇。

成年人的话语，对儿童而言，是一种神秘的刺激。成年人以自身的行动为例教导儿童，教会他们行动的方式。儿童以模仿为独立生活的开端。成年人的话语对儿童有极大的吸引力，甚至会令他着迷。这意味着成年人的语言能起到暗示的作用，从某种程度上说，儿童对成年人极度地敏感导致了儿童个性的泯灭，以至于成年人成了儿童行动与生活的支配者。通过在床单上放鞋子的例子，我们看到了暗示对儿童的影响。对儿童而言，成年人的话就仿佛大理石上的铭文永远刻印心间。我们当然不会忘记，母亲收到装有喇叭与手帕的邮包时，女儿喊"音乐"的反应。儿童对爱的渴望是如此的强烈，所以，在儿童面前，成年人一定要深思熟虑之后再说话。

儿童很乐意遵从成年人的吩咐，他的精神源流于此。然而，当儿童被要求舍弃那些对他的发展有益的本能时，他依旧会反抗。在儿童进行创造时，成年人因为个人利益方面的原因禁止他继续，就像是阻止即将长出的乳牙长出一样。儿童有创造的冲动；儿童深爱成年人，成年人却一点都不理解他；两者出现攸关生死的重大矛盾时，儿童就会反抗，发脾气就是这种矛盾与反抗的外在表征。成年人应该能想到，儿童之所以会反抗、会发脾气，正是因为这种冲突的存在，因为在儿童发展过程中，成年人本能的防御。

我们需要铭记，儿童深爱着我们，他愿意遵从我们的命令。人们只看到了成年人对儿童的关爱，却忽略了儿童对成年人那远超其他一切的热爱。我们常听人说："父母爱儿女有多深"或者"老师如何深爱着他的学生"，还觉得应该教导儿童，让他们学会去爱包括父母、老师、人类、动植物在内的一切。

那么，儿童该由谁来教导？爱的艺术应该通过哪位导师来传授？莫非是那些觉得儿童不乖且只希望他和他的财产能免受儿童侵扰的人吗？很显然，这些人并不敏感，不具备"爱的智慧"，通过他们，儿童永远学不会爱。

相反，儿童对成年人的爱十分深挚，他需要成年人常伴身旁并为能引起成年人的注意感到高兴："瞧瞧我！陪着我！"

孩子总希望深爱着的人晚上可以守在他身边，陪他一起入睡。正在吮吸奶汁的孩子执意要与去吃饭的我们同行，不是因为他也想吃，而是因为他想待在我们身边。成年人并未意识到孩子有多爱自己。然而，我们得明白，这样深挚的爱会随着儿童的成长渐渐地消失。届时，再不会有人像现在的孩子那般爱我们爱得如此深挚，再不会有人睡前深情地恳求我们的陪伴，而不是单纯地祝我们晚安，再不会有人渴望站在我们身旁陪我们一起用餐。我们对这种深爱充满防备，却永远都不可能找到与它一模一样的另一种爱。我们不停地抱怨"我很忙，我做不到，我哪有时间"，但是，我们内心真正的想法却是："如果不把儿童的这种做法纠正过来，我会被他们奴役。"我们希望能从儿童的束缚中摆脱出来，去做自己想做的事情，如此，才会觉得方便。

父母讨厌孩子清晨的时候将他们从酣睡中唤醒，尤其是孩子每天都如此的时候，父母要求保姆保护他们的睡眠，约束好孩子。然而，孩子为什么刚刚睡醒就去找父母？不正是因为他爱他们吗？刚刚日出，孩子就起床了。父母仍在酣睡，孩子找到他们，好像在说："让生活变得神圣起来吧！清晨已经到来，天亮了！"可在父母面前，孩子扮演的从来都不是教师的角色，他去找他们，只是因为他深爱他们，想去看看他们。

父母的卧室依旧一片昏暗，紧闭的窗帘将晨光挡在外面，以免两个酣睡的人被打扰。孩子走进卧室，周围的黑暗让他恐惧，但他克服了这恐惧，蹒跚地走着，轻轻抚摸父母，他很温柔，可父母却很不高兴："和你说过很多次了，别一大早就吵醒我们。"孩子说："我只想吻吻你们，只是轻轻摸了摸，我没吵你们。"其实，他的意思是："我想唤醒的是你们的精神，而不是你们。"

对我们来说，儿童的爱是个十分重要的课题。他的父母已习惯了麻木的生活，需要一个有着他们早已失去的生气与活力的新人去将他们唤醒与激发。必须有一个与他们的行为方式截然不同的人，每日清晨，都对他们说："将另一种生活遗忘吧，你该学着让生活更美好。"

没错，让生活更美好！感受爱的抚触！

得不到儿童帮助的成年人是颓废的。无法自我更新的成年人，会渐渐地被一层硬壳包裹，最终变得冷酷麻木。

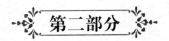

第二部分

第十八章
儿童的教育

认识儿童

儿童有自己的心理活动，成年人并未意识到这种心理活动微妙的表征，常会无意识地破坏它的发展。这是非常重要的事实，我们必须正视它。

对儿童而言，成年人的环境不仅不适合，还处处都是障碍。成年人对儿童的防备是障碍形成的根源，被阻碍的儿童极易被成年人的暗示影响，且性情乖戾。儿童心理学是教育的基础，可他研究的着眼点却不是儿童的特性，而是成年人的视角。所以，它们必须从根本上对其结论进行再次审查。就像我们看到的那样，儿童所有不同寻常的反应都代表着一个亟须解决的问题；发脾气不过是一些根深蒂固的矛盾一次次的外显，这种矛盾并不能以与对格格不入的外部环境的防御来简单诠释，而应被认为是某种更高层面的品质的外显方式。就如暴风雨一般，发脾气不过是不愿将心灵深处的隐秘显露的儿童采用的一种非常无奈的抗争方式。

儿童真正的内心被伪装掩盖了，这显而易见。儿童竭尽全力实现着自我，但这种努力被反抗、有违常理、发脾气等表象掩盖了，以致他竟无法将自己最真实的个性展现出来。个性只是他所有特性的统称。显露于外的所有不协调背后，必然存在着一个处于发展状态中的以某个精准的心理发展模式为根基的精神胚胎，亦即个性。一个亟须得到自由、被遮掩了活力、还不曾被认知的儿童就潜藏在这些外显的表象底部。去认识和了解这个儿童，帮助他摆脱一切障碍，才是最紧迫的教育任务。

对儿童尚不为人知的心理进行研究，和心理分析领域的研究，存在根本性的差别。这种差别主要表现在：存在于儿童潜意识中的隐秘几乎不能被环境隐藏，存在于成年人潜意识中的隐秘却是某种能自我约束的事物。要为一个成年人提供帮助，就必须厘清形成于漫长时期的一团乱麻。要为一个儿童提供帮助，则必须为他创造一个能自由发展的外部环境。我们应该为处于发展期的、极具创造性的儿童完全敞开大门。实际上，他正在自我创造，换言之，他正处于从虚无、潜在到存在、实际的转换过程中。这一时期的儿童是非常纯粹的，因为能力与日俱增，自我展现对儿童来说会变得很容易。

在一个自由的、适宜的发展环境，儿童的心灵不仅能顺利发展，还能自发地揭示自身的隐秘。只要始终贯彻这一原则，那么，教育方面的所有努力就不会陷入永远理不清的混乱中。

发现与解放儿童，是新教育最基础的目标。儿童如何生活，简单来说，儿童生活本身，是第一个与之相关的问题。其次，是给渐渐长大的儿童提供一些必要的帮助。这代表着，环境非常关键。儿童处于发展阶段时，其所处环境必须与其成长相适应。尽可能地将障碍减到最少。一些对儿童能力自由发展有益的活动的展开的必要条件必须由环境来赋予。因为成年人本身就是儿童所处环境的组成因素，所以，他也应该为满足儿童需要而改变自己。儿童的独立活动中，不需要一种名为成年人的障碍。儿童成长与发育过程中必须要完成的工作也应亲自完成，不应由成年人代劳。

强调环境的作用，重点关注、积极探讨教师在儿童教育中的作用，是我们教育方法的关键所在。注重个人权威、标榜个人活动的教师往往都是被动的，对儿童来说，这样的教师就是活动的阻碍。具有主动精神的教师，会让儿童自由活动，并赞美他们取得的每一点进步。另外，我们十分尊重儿童的人格，尊重程度远超其他所有教育法。

遐迩闻名的教育机构"儿童之家"充分展现了这三种特征。我们希望能赋予"儿童之家"家庭的含义。

对新教育运动有所关注的人都知道，这种全新的教育方法始终被热议。考虑到儿童与成年人角色的互换，新教育法中，教师成为配角，并不教学；儿童才是主角，是中心，可以自主活动，自由走动，随意工作。人们并不觉得这是乌托邦，只是觉得它过于夸张。

下面说说我们在环境设施方面的一些想法。人们普遍认同的一点是，环境中所有的设施都要与儿童的身体相适应。洁净敞亮的教室，装点着花卉的矮窗，仿家庭风格的小家具，小扶手椅，小桌子，好看的窗帘，装满各种教具的、方便儿童自己开关的矮小橱柜。总之，一切都对儿童的发展有益，是对儿童生活一种切实的改变。我相信，会有越来越多的"儿童之家"会以这种让儿童开心、给儿童方便的外部条件作为主要特征。

我们觉得，在经过长时间的实践研究之后，现在应该重新对"儿童之家"做出思考，特别是有必要对新教育法的起源做一下阐述。

在一些人看来，我们通过儿童得到了儿童拥有某种神秘本性的结论，并依靠直觉，从这一结论着手，构想出了一种与众不同的教育教学方法。这种想法实际上极为荒谬。未知的事物是无法被观察的；一个人也不可能凭着不清晰的直觉构想出两种儿童的本性，并试图以实验加以证明。可以说，所有新事物的展现依靠的都是自身的能量；当它寻机展现时，第一个看到的人或许会质疑。就像世上所有的人一样，不愿意接受新事物。这就导致了，至今还不为人知的事物，在被人们最终发现、认同、接纳之前，必须不断地将自己展现。被新事物震惊且愿意接受它的人，最后都被它深深地迷醉，甘愿为它牺牲生命。它饱含激情，无比的热忱，以至人们竟误以为他创造了它。但是，其实它只是更敏感地察觉到了它的展现罢了。对我们而言，发现新事物是困难的，相信新事物的存在则更困难，因为我们的感官拒绝反应新事物。然而，在发现并认可了新事物后，我们就会像《圣经》中那位寻到价值连城的宝珠的珠宝商人一样，为了得到宝珠，不惜变卖一切。

我们的内心仿佛一间不接纳陌生人的贵族画室。没有熟人介绍，陌生人不可能进入。所有人都要通过已知来认识未知的，所以，若没有介绍人，他就只能将紧闭的门砸开闯进去，或者趁着门半开半掩的时候悄悄潜入。终于进入画室后，他必然是非常惊讶的。青蛙的皮被剥掉后，腿会不停颤动，第一次看到这种状况的伏打①肯定觉得匪夷所思。虽然他认识了这一事实，却依旧不断地实验，最后发现了静电的作用。有些时候，一件微不足道的小事就能开辟一个全新的、无边无际的领域。人本质上就是探索者，唯有持续不断地发现那些貌似没什么意义的细节，才会进步。

新发现的认定标准，在医学与物理学领域是非常严格的。一个新发现，在这些领域，就是对过去不为人知的事实的第一次发现，这个不为人知的事实极有可能是始终确信的，或者说，似乎不存在。这是一种不以个人直觉为依靠的客观事实。在对新事实进行验证时，需遵循两个步骤：第一，将它分离出来，

---

① 伏打，即伏特，意大利著名物理学家，1745年出生于科莫，1827年逝世，伏特电池的发明者。

在各种不同的条件下做研究；第二，对环境进行研究，让新发现在环境中展现，以便我们再现并永远留住它。新发现的研究必须等待这些基本问题被解决。之后，研究开始，研究者们沿着一条新的道路前行，不断发现新事物，真正地去发现。当然，显而易见的是，谁都不能对他并不知道的事物进行研究。探究就像是一种暗含幻想的接待室。研究的形式总与某种新发现的再现、存储、掌控息息相关，所以，它不可能像幻象一样泯灭，所以它是真的具有价值的。

蒙台梭利方法的起源

以下对于蒙台梭利教育体系的描述来自我当时随手记下的旧笔记。

你是谁？

1907 年 1 月 6 日，第一所"儿童之家"被创立，以 3~6 岁且身心健全的儿童为招收对象。那时候，我们的专属教育法还未成型。不过，我很快就在"儿童之家"实践了我的教育法。事实上，那个时候，除了五十多个出身贫苦、胆小怯懦、衣衫褴褛、不停哭泣的儿童，我什么都没有。把孩子委托给我的父母们绝大多数都没什么文化。

最初的打算是将幼儿们集中起来，如此，就不必担心公寓的墙壁被弄脏、幼儿独自在楼梯玩耍无人照管，或者混乱得惹人烦。我受邀成为这一教育机构的负责人。

一种非常玄妙的感觉让我对"儿童之家"自信满满，我向全世界宣告，终有一日，人们会认为这一事业"非常崇高"。主显节①时，我在教堂诵读了一段《圣经》中的话，对我而言，它似乎预示着什么："眼见黑暗笼罩地球，……然而，即将自东方升起的艳阳，会以光辉为人类指引方向。"

"儿童之家"开幕式上的所有嘉宾都非常惊讶，彼此询问：我有什么理由为穷人家的孩子提供一个条件这么好的教育机构？

我仿佛一个开始勤奋耕作的女农夫，放弃了优良的玉米种子，寻到一块沃土，将种子任意抛撒。结果是截然不同的。我的土地没能收获粮食，却掘出了黄金；珍宝藏在泥土里。我是那个农夫吗？不是。准确点说，我更像是手握大门钥匙，却不知道门后隐藏着宝藏的阿拉丁②一样愚蠢。实际上，这些孩子一连串的活动让我无比的惊讶。

通常我们都觉得，适用于心智不健全的儿童，而且在他们身上获得巨大成功的教育方法，如果用在正常的儿童身上，肯定能让他们发展得更好。借由这些方法，我在低智儿童心理治疗和思维转变方面获得了成功，其中的一部分心理原则，确实可以帮助正常的儿童更好、更快地发展。不过，这并非什么令人惊讶的事，已知的教育理论是科学而实际的，因为它坚信人的心理是审慎的，发展是平衡的。然而，一个不可否认的事实

---

① 主显节，东正教传统节日，每年1月6日，东正教徒都会以浸冰水的形式来纪念耶稣显圣。

② 阿拉丁，阿拉伯民间故事集《一千零一夜》中《神灯》故事的主人公。

是：刚开始的时候，效果与预期并不相符，我对此十分惊讶，还常常有些自我怀疑。

心智不健全的儿童使用教具的表现与正常儿童是截然不同的。我确实能凭这些教具激发低智儿童的兴趣，我也竭力劝说他们，让他们多使用这些教具，他们的心智也确实有所改善，而且学到了一些知识。然而，正常儿童的表现却截然相反。被某个教具吸引后，儿童会将所有的注意力都集中在它身上，以一种令人惊叹的专心持续工作。工作完成后，他们显得非常愉快、开心、满意。他们平和宁静的小脸、自主完成任务后满意的眼神一起将他们满意、放松的情绪传达给我。儿童从我这里得到的教具就仿佛一只将钟表发条拧紧的钥匙。不过，两者还是有区别的：上紧发条后，钟会持续不断地转动；得到教具后，儿童不仅可以不断地使用它，还让心灵变得更健康、更具活力了。这是真正能对心理进行激励的一项工作。我还需要一些时间来证明这并非幻觉。每一次这一情况被新的事实证明后，我都会告诉自己："我仍有疑问，下一次我将不再质疑。"因此，这种怀疑持续了很长一段时间，但与此同时，我也非常震惊。我从未责备过那个让儿童自主活动的教师，我郑重地表示："这的确是令人印象深刻的情景。"我难以忘记那位教师流着泪做出的回应："你是正确的。每次看到这样的情景，我就想这些儿童是被某位守护神激励了。"

一天，我怀抱着崇高的敬意与满腹的慈爱凝视着这些儿童，我用手按住心口，情不自禁地询问："你是谁？"或许我见到了被耶稣抱在手中的孩子？因为他曾说："为我而接受这些孩子的人，就是接受了我。"他还说过："不把孩子当成上帝的花园来接受的人，就无法进入这个花园。"

第一批来"儿童之家"的儿童和我见面时，全都泪眼汪汪，惶恐异常，因为胆怯，他们甚至连话都说不出来。他们面无表情、眼神呆滞，似乎所有事物都没在他们的生活中出现过。实际上，他们出身贫寒、乏人照料，一直住在光线昏暗的小破屋中，很少被关爱，没见过任何一件会对心灵产生刺激的物品。所有人都能看到，他们缺乏营养，需要清新的空气、阳光和精心的照料。这些幼芽，这些儿童，似乎命运早被注定，似乎永远都无法开花结果。

通过对全新环境的了解，儿童们发生了令人震惊的转变；换言之，通过了解，儿童们的心灵被更新，而且具有了辉耀世界的光芒，这些，都让人觉得趣味盎然。

将阻碍儿童心灵发展的事物全部剔除，心灵就能被解放。可是，没有人知道哪些才是障碍物，也没人知道，怎样的环境才能让儿童们的心灵生芽开花。一般说来，多数环境并不适合我们的目标，甚至与我们的期盼截然相反。

先来说说儿童们的家境吧。他们的父母都是社会底层、无固定职业的贫民，终日为找工作奔波，不仅没时间照料子女，也不知道该怎样照料子女，而且，他们中的绝大多数都目不识丁。

显而易见，一位受过培训的教师不会接受这些儿童，因为他觉得这些孩子没什么前途。后来，我们雇了一个刚开始教师学习，没奢望能成为教师，也不像真正教师那样做好了准备，或者说对这些儿童怀抱偏见、受教育程度颇高的青年女性。这个教育机构的创办者是建筑协会，他们并不是在做慈善，之所以将儿童聚集起来，不过是为了减少房屋维修开支，避免儿童们肆意破坏公寓大楼的墙壁。因此，儿童们享受不到免费的午餐、享受不到免费的医疗，这不是社会福利事业，甚至根本就不是一所以教育儿童为目的的学校。除了必要的办公室家具添置费和辅助设备添置费，其他消费一律不被允许。因此，我们连教学用的课桌都没买，只买了些能用的家具。

所以，第一所"儿童之家"并非学校，它更像是一只初时便被归零的测量表。因为资金有限，无论是教师还是儿童都没有桌子，没有办公室，也没有住家设备。但我们有一些一般学校没有的、专门为心智不健全的儿童准备的特殊设备。现在的"儿童之家"，舒适敞亮，令人愉快，第一所"儿童之家"却不是这样的。教师用来办公的一张固定长桌令人印象深刻；所有的教具都放在一个超大的橱柜里。橱柜很结实，锁着门，钥匙在教师手中，儿童桌非常耐用，一张桌子可以并排坐三个孩子，和所有学校一样，桌子一张挨着一张。除了坐凳，儿童们一人有一把粗陋的扶手椅。院子里没有花卉，只栽种了一些树木，铺了一小块草坪。后来，这成了我们学校的特征之一。这样的环境并不适合做什么重要的实验，然而，在我看来，对儿童进行系统的感官教育，以此来了解心智不健全的儿童与健全的儿童感官反应有何不同，却是件非常有趣的事情。更有趣的是，我还可以了解心智健全的低龄儿童与心智不健全的大龄儿童之间的差异。无论如何，我对这些研究都是非常重视的。

我没约束教师，也没强迫她去履行什么与众不同的责任。我只教了她感官材料的运用方式，如此，她就能把这种运用方式教给儿童。对她而言，这很有趣，也很简单。但是，我允许她自由发挥，并未对她的创造力进行抑制。

实际上，我很快就发现，这位教师为儿童们做了一些其他的材料，譬如一个精美的金色十字架。她自己用纸折一些小饰品，哪个儿童表现最好，就把小饰品当奖品发给他。我经常看到一些儿童将饰品戴在胸前。她还自己发明了一种儿童式的敬礼方式，虽然待在这里的多数都是小女孩，最大的也才五岁，但是，她们似乎非常喜欢学敬礼，这种学习不仅不会伤害她们，还能给她们带来快乐。

就这样，我们过着孤独却平静的生活，在相当长的一段时间里，所有人都不知道我们正在做着怎样的工作。然而，总结一下这个时期的重要事件，也许会有帮助。也许我做的工作在别人看来并不科学，发生的事情看上去也不太重要，不过一些重要的观察和发现就是这样产生的。

第十九章
观察与发现

~~~
❧⟿⟬⟭⟿❧
~~~

重复练习

  第一个吸引我目光的现象是，一个三岁左右的女孩反反复复地将不同的圆柱体放入孔洞又取出。圆柱体有大有小，就像瓶口与软木瓶塞一样，正好与木板上不同大小的孔洞对应。如此小的孩子竟能专心致志地重复同一项工作，这让我非常惊讶。女孩的速度没什么变化，技能也没提升，只是在不断地重复着同样的运动。因为我习惯去计数，所以我开始数她重复的次数。另外，我也想看看她做这活动时到底有多么专注，多么心无旁骛。我让教师引导其他孩子四处走动、放声歌唱，但她一点都没被打扰。之后，我将她和她坐着的椅子一起轻轻地抬起来，放到小桌子上。她只是在我把椅子抬起的时候，抓住正在玩的圆柱体，搁在膝盖上，就又开始了她的工作。我开始为她计数，在她如梦初醒般笑着停下之前，她重复练习了 42 次。她双目炯炯，四处观望，好像根本就没发现我们为干扰她练习耍的花招，我们的花招失败了，毫无疑问，女孩完成了她的练习。可是，她做了什么？又为什么要做这些呢？

这是我第一次发现儿童心灵那从未被探索过的深处。小女孩正处在注意力难以集中的年龄段，她的注意力很容易被接连出现的一件又一件事情分散。但是，她做练习时竟如此聚精会神，以至完全忽略了来自外部的所有刺激。在将大小不一的圆柱准确无误地放入与之对应的孔洞之中时，一种有节奏的手部运动与她的专注相伴而生。

类似的场景在不少场合发生过。有过这种体验的儿童，每一个都仿佛养精蓄锐之后的人，活力满满，仿佛正被狂喜的情绪影响着。

尽管儿童专心致志到心无旁骛的情况很少见，但我发现每一个儿童都有这样奇妙的经历，而且，这种行为在他们的日常活动中多有展现，这种唯有儿童才有的活动特征，被我命名为"重复练习"。

有一天，我发现正在工作的儿童们，小手全都脏兮兮的，我意识到得让他们学会一个对他们来说确实很实用的技巧——怎样洗手。之后，我发现，已经把手洗干净的孩子仍然一遍又一遍地洗手，离开学校后还接着洗。从一些母亲那里，我了解到：她们的孩子一早就跑到盥洗室去洗手，洗完后还很骄傲地把小手伸出来给成年人看，以至被误解为是想讨要什么东西。他们不停地重复练习，洗干净手后仍一遍又一遍洗，并不是因为他们有什么外在的目的，而是因为内在的需要。一项练习被教导得越详细，就越能刺激儿童不间断地重复练习。

自由选择

另一个简单的事实也引起了我们的关注。所有有益于儿童发展的感官材料都是教师分发并放回原处的；从这位教师那里，我得知，每次她这么做的时候，都会被儿童们围住。她要求儿童们各回各位，但是，不久之后，她再次被儿童们围住。这种情况发生了不止一次，这位教师断言，这是因为儿童们不听话。

但通过观察，我发现，儿童们其实只是想自己将材料放回去，于是，我允许他们自由行动。所以，儿童们开始了一种全新的生活。对儿童来说，将一部分物品摆放整齐，就成了一件极具吸引力的工作。如果哪个儿童不小心将手中盛水的玻璃杯掉在地上摔碎了，其他儿童会立马跑过来、捡起碎片、擦干地板。

一天，这位教师将一个盒子摔在了地板上，盒子中放着深浅不一、按渐进顺序排列的 80 个彩色小方块。这位教师有些惊慌，因为小方块的色差极小，想要按顺序重新排列好并不是一件容易的事。可让我震惊的是，儿童们立即跑向她，没用多长时间，就将方块由深到浅重新排列好了。很显然，他们对色彩的敏感性比我们要强很多。

又有一天，这位教师到校的时间比平时晚一些，而且，她事先没锁好柜门。所以，她到的时候，孩子们打开了柜门，正围在门边，有些孩子已经将教具拿了出来。这位教师认为这是盗窃，是对教师与学校的不尊重，应该严惩，并告诉他们什么是错的，什么是对的。我却不这么认为，恰恰相反，我觉得这是儿童能够辨识教具并自主选择的一个标志。事实也的确是这样。

孩子们又有了一项有趣的新活动。现在，他们可以按照自身的喜好自由选择做什么工作。为此，我们后来还定制了矮柜。这样儿童就能更方便地选择符合他们内在需求的教具了。所以，重复练习的活动又添了一条新原则——自由选择。

我们可以通过儿童的选择发现他们的心理需求和倾向。其中，有一个现象非常有趣，虽然我们提供的教具多种多样，但儿童不会全选，反而只专注于其中的某一类。他们只选择自己偏爱的事物或者相同的教具。其他教具则被他们彻底忽略，以致布满了灰尘。

我经常向儿童们展示各种不同的教具，在我的要求下，教师将教具分发给儿童，并告诉他们如何使用，然而，其中一部分教具从未被儿童主动选择过。

由此，我意识到，对儿童而言，教具不仅要整齐有序，还要符合儿童的内在需要。为了让儿童变得更专注，为了让儿童的兴趣更好地被激发，我们必须将教具摆放整齐并将多余的教具剔除。

玩　具

虽然"儿童之家"的玩具确实有一部分挺奇妙的，然而，却没有人把这些玩具当回事。这让我倍感诧异，下定决心去干预，我告诉他们这些玩具怎么玩，给他们演示怎么将小碟子拿起来，怎么去小厨房点火，还放了个萌萌的娃娃在玩具旁边。可是他们只是兴奋了一会儿，就散去了。因为他们并未主动选择过这些玩具，所以，我意识到，玩玩具只不过是儿童生活的一小部分，如果有更好的工作，他们绝不会去玩玩具。当儿童觉得做其他事更重要时，会拒绝玩耍。游戏对他们来说就是一种消遣活动，就像我们把下棋、打桥牌当作休闲娱乐一样，但是，如果我们被强迫放弃所有的事情，只能下棋或打桥牌，我们一定很痛苦。如果有其他重要的事情要做，我们就会把桥牌和棋抛在脑后。对儿童来说，要做的重要的事情其实有很多，所以，玩具并不能引起他们多大的兴趣。

所有儿童都是从低阶段向着高阶段不断发展的，所以，一分钟都不能被浪费。处于成长期的儿童，对所有有益成长的事都十分迷恋，休闲活动完全提不起他们的兴趣。

奖　惩

　　一天，我看到学校里的一个孩子胸前别着金色十字奖章，无所事事地坐在教室中间的扶手椅上。要知道，奖章是教师给表现优异的孩子的奖励。但是我询问过教师，这个孩子其实正在受罚。这枚奖章并不是这个孩子的，它属于另一个孩子，但没戴多久，那孩子就把别在胸前的奖章摘下来送给了被罚的小孩。似乎对他而言，奖章不仅毫无用处，还会对他的工作造成阻碍。

　　被罚的孩子也没什么被罚的感觉，只是漫不经心地瞄了奖章一眼，就开始安静地打量教室四周的环境。通过这件事，我们意识到，奖惩对儿童毫无意义，但即便如此，我们还是对儿童做了更深入的观察。后来，我们最初的直觉通过实验得到了验证。对那些一点也不在意处理方式的儿童来说，奖励也好，惩罚也好，都毫无意义。让我们更震惊的是，绝大多数儿童都不愿要奖励。获得奖章的儿童很乐于把奖章送给别人，这意味着，他觉得自己是在做好事，而不是在犯错。后来，再看到金色十字奖章别在其他孩子胸前，我们再没做出过反应。这代表着一种已经觉醒的意识以及虽然弱小但已经萌芽的尊严感，而这些，过去并不存在。

　　那之后，我们再也没有奖励或惩罚过儿童。

安静练习

有一天，我将一个仅 4 个月大的女婴抱进了教室，让女婴的母亲在院中等待。按照当时的风俗，婴儿被厚重的襁褓紧紧包裹着。她的脸蛋圆嘟嘟、红扑扑的。让我印象深刻的是她的"安静"，我想把我的感受分享给孩子们。我告诉他们："她没发出任何声音。"之后我以玩笑的语调做了补充："瞧，她稳稳地站着。……你们所有人都没她做得好。"（婴儿的脚被襁褓裹住了，我向他们指出这一点）让我诧异的是，所有孩子都并拢双脚、一动不动地站在那里，用一种与平时不同的目光注视着我。他们很专注地听着我的话，似乎想要理解我的意思。"注意，她的呼吸十分柔和，"我继续说，"你们所有人的呼吸都不如她平静。"令人震惊的一幕出现了，站立不动的孩子们齐齐屏息，那一刻安静得令人难忘，嘀嘀嗒嗒的挂钟声清晰可闻，似乎一种平时从未出现过的安静随着女婴的到来涌进了教室。

所有人都全神贯注地体验着这份安静，在脑海中将安静重现，没有一个人会做出任何可能产生声音的动作。没有一个儿童错过这项活动。这并非源于激情，激情代表着冲动与外显的某东西，它却源于内心的渴望。那时，所有儿童都竭尽所能压抑着呼吸，安安静静地坐在那里，都聚精会神，神态安宁，仿佛在沉思。慢慢地，借着这让人感怀的宁静，我们听到远处细微的滴水声和鸟儿轻轻的啼鸣声。

这之后，我们开始了安静练习。

有一天，我发现我能借助这安静的气氛对儿童的听觉进行检验。于是，我像在医疗机构做检查一样，轻声喊儿童们的名字，被喊到名字的儿童，无论是谁，都要尽可能安静地走到我面前。参加练习的儿童共 40 个，我想，让儿童耐着性子一直等下去简直是种折磨，所以我拿了些糖果过来，给完成要求的儿童当奖品。可是，他们拒绝了糖果，似乎在说："这种体验非常美好，别破坏它；我们满心欢喜；别让我们分心。"

由此，我意识到，儿童的敏感对象不只是安静，还有声响，虽然在安静的环境中，这种声音几乎轻不可闻。他们将脚尖踮起，小心翼翼地走过来，他们走得很慢，尽可能不去触碰那些可能会发出声响的物品。

后来，我弄明白了，对儿童来说，所有内含纠错成分的练习，譬如为了防止喧哗做的安静练习，都有益于他们自身能力的完善。反复做这种练习，能让儿童的行为更完美，而这些，仅靠言传是做不到的。

通过练习，我们的孩子学会了在不碰撞任何物品的前提下从物品中穿过，学会了悄无声息地走路，而这些，又让他们变得机敏、灵活。他们能很好地完成这些动作，这让他们非常兴奋。他们兴致勃勃地挖掘着自己的潜能，并在属于他们的越来越生机勃勃、充满神秘的世界中锻炼着自己。

在相当长的一段时间后，我最终确信，儿童是因为某些内在原因才拒绝将糖果拿走的。糖果并不是规定必须要食用的食物，多数时候，它都是给儿童的奖品，所有人都知道，儿童非常喜欢吃糖，所以，对我而言，儿童拒绝糖果真的是件匪夷所思的事情，我想做一次更深入的试验。我去学校时，带了些糖果在身上，可是，有的儿童不愿意要它，有的把糖果装在了罩衫口袋里。考虑到他们贫寒的家境，我想，或许他们是想将糖果带回家。我告诉他们："我给你们的糖果，你们可以带一部分回家。"他们把糖果拿走了，却没吃它，反而再次装进了口袋。后来，一个小男孩病了，教师去家中探望他，才发现，孩子们很珍惜这些糖果。教师的来访让小男孩很感激，他从一个小盒子里取出一块糖果递给教师，这些糖果都是学校发的。这些糖果美味诱人，几周前，它就已经在盒子里了，小男孩却从未吃过它。这是一种普遍存在于这些儿童身上的现象，许多通过阅读得知此事的读者为了验证事情的真实性，纷纷来我们学校参观。这是一种内在的、自然的、主动的发展。当然，谁都不会教儿童拒绝糖果或要求他们苦行，更不会有人荒谬地宣称："儿童不该吃糖、不该玩耍。"心理升华时，儿童会主动放弃这些毫无意义的外在乐趣。一天，儿童们收到了一些小甜饼，这些甜饼全被烤成了几何形状。甜饼没被吃掉，反而成了儿童们全神贯注凝视的对象，他们说："这是长方形！这是圆形！"另一个发生在穷人家孩子身上的趣味小故事也广为人知。孩子的母亲忙着在厨房里做饭，她拿起一块黄油，孩子说："这是长方形！"母亲斜切了一块，孩子说："你拿在手里的是个三角形。"之后，她补充说："剩下的那一块是不规则的四边形。"

从始至终，她都没说人们觉得他一定会说的那句话："我想要一些黄油和面包。"

尊　严

我还可以说说那些令人诧异的事。有一天，我用比较幽默的方式给儿童们上了一堂课，课程内容是怎样擤鼻涕。我为他们演示了手帕的不同使用方式，最后还教给他们怎样才能不被人注意。于是，我用他们几乎无法察觉的方式将手帕拿起，尽可能将擤鼻涕的声音压到最轻。他们全神贯注地凝视着我，谁也没笑，演示才刚结束，他们就为我送上了热烈的掌声，那声音就像剧场中常响起的，持久而热烈。我非常诧异。我从未想过那些小手竟能制造如此响亮的声音，也没想过，他们会为我送上如此热烈的掌声。很快我就懂了，或许我触碰了他们的社交敏感点，虽然他们的社交活动非常有限。擤鼻涕对儿童来说是件困难的事，为此他们常被成年人责备，对此，他们非常敏感。成年人的呵斥辱骂让他们很受伤。因为害怕手帕丢失，他们不得不将它别在围兜那样显眼的位置。我们应该站在儿童的角度，或者，更恰当的说法是，我们应该知道儿童对嘲笑非常敏感，因为那会让他们很丢脸。所以，我的做法让他们感到自己在社会生活中的定位被更新，他们得到了公平的待遇，而且，以前的羞辱被抵消了。

无论如何，长期的经验让我明白，这就是这件事最好最对的解释。我渐渐意识到，儿童的尊严感是非常强烈的。成年人并不知道儿童的心很容易受伤也很容易被压抑。

那天，我即将离校时，儿童们高喊着对我说："非常感谢，非常感谢您为我们带来的这堂课。"我从大楼中走出，他们始终在我身后跟随，在人行道上默默列队，到街边时，我嘱咐他们："回去吧，路上小心些，别撞在墙角上。"他们转身离去，飞一般消失在大楼门后。的确，我捍卫了这些出身贫寒的孩子的社会尊严感。

有客人来"儿童之家"参观时，儿童们言行庄重，极有尊严。他们懂得如何让访客感受到他们的热情，还向来访者展示他们的工作过程。

一次，我提前收到通知，一位重要人物希望能通过与孩子们独处的方式对他们进行观察。我对教师说："顺其自然就好!"之后，我告诉孩子们："明天会有一位客人来拜访你们，我希望他会觉得世界上没有比你们更好的孩子。"后来，我从教师那里了解到了这次访问的情况。她说："这是一场极大的胜利。有的儿童搬来一把椅子，礼貌地邀请客人入座。有的对他说'早上好'。客人告辞时，他们将身体探出窗外，对他喊：'非常感谢您的拜访，再见!'"我询问教师："不是告诉过你不要提前教他们吗？为什么你还要做？我说过顺其自然就好。"她说："我没指导过。这都是他们的自发行为……"她还补充说："我简直不敢相信自己看到了什么，我告诉自己，一定有天使在激励他们。"之后，她又对我说，儿童们出色地完成了所有的工作，他们表现得比平时更勤奋，那位访客为之赞叹不已。

我花费了很长时间，也没能压下心中的疑惑，教师的话让我担心，或许她提前让儿童们做了准备、帮他们排练，我又一次询问了她。但最终我意识到，儿童有属于自己的尊严，他们懂得工作的方式，懂得如何让访客感受到真诚。对客人，他们满怀尊重，能在客人面前展示自己的工作，让他们倍感自豪。我确实对他们说过："我希望你们的客人会觉得世界上没有比你们更好的孩子。"然而，毫无疑问，他们之所以这么做，并不是因为我说了这句话。不管什么时候，当我告诉他们"一位访客即将到来"，就等于告诉他们会客室中已有客人在等待。这些儿童自信极了，他们的尊严感促使他们接待每一位访客时都热情满满。因而，我明白了，有些很简单的事情也很神奇。以前，这些儿童十分羞怯，现在却不是这样。心灵与环境之间的障碍已然消失。他们的生命力正蓬勃发展，而且以一种十分自然的方式在展现，一如阳光下舒展着白色莲瓣、散发着赋予芬芳的莲花。关键是，发现妨碍发展的事物消失后，儿童们就再也不必藏匿、害怕、回避。事情就是如此简单。我们能说，原因正是他们完美、迅速地适应了环境。

这些孩子，既伶俐，又活泼，还十分镇静，时不时地还会迸发出一种令接触他们的成年人全都振奋异常的精神火花。每一个给予他们关爱的人都会受到他们的热烈欢迎。所以，到访"儿童之家"的重要人士们总能从他们身上感受到一种全新的、振奋的情绪，这些孩子成了社会焦点。

　　参观结束后，一些普通访客总会表现出一种难以抑制的兴奋，这真令人好奇。譬如，一些衣衫华美、佩戴珠宝、仿佛要去参加宴会的女士在和天真、谦逊、活力十足的孩子们见面之后，总会欣喜异常地大加赞美；听到幼儿们向访客致欢迎词，她们会很开心。

　　孩子们轻抚着女士华美的衣料，挽住她们柔软的手掌，感受手的芬芳。一次，一个小男孩将头紧紧偎在一位孀居的女士身上，用双手捧着她的一只手，向她表示哀悼。后来，这位女士十分激动地表示，从男孩身上，她感受到了巨大的安慰。

　　一天，阿根廷大使以访客的身份来到了"儿童之家"，陪他一起来的是意大利总理之女。为了证明自己耳闻的一切都是真实的，这位大使要求不提前通告此次行程。可是，他们来的那天正好是假日，学校大门紧锁。院子里的儿童发现了他们，其中一个走出来，毫不扭捏地解释说："今天放假，可这不是问题，我们就在楼里，钥匙在门卫那儿。"于是，他们分散到各处去召唤小伙伴，教室被打开后，他们自发地开始工作。这真令人诧异。

　　母亲们经常来找我，和我讲家里发生的事。她们说："这些孩子只有三四岁而已，如果我不是她妈妈，肯定会因为他们的话大发雷霆。譬如，他们说：'你的手该洗了，它真脏，'或者说：'你衣服上有脏东西，你该把它擦掉。'听到孩子们的话，我并不生气，就是感觉好像在做梦。"

现在，这些穷苦人家变得干净整齐了很多。窗台上碎裂的炒锅瓦罐已经消失。阳光下，干净的玻璃窗熠熠生辉，院子的花圃中，天竺葵傲然盛放。

纪　　律

虽然儿童的行动从未受到限制，他们依旧会给人留下纪律性极强的印象。他们工作的时候很安静，所有人都聚精会神地完成着自己的工作。他们安静地取放用具，来回走动时，很少发出声响。走出教室后，他们会张望下院子，之后就返回。他们以令人震惊的速度迅速执行着教师的安排。这位教师对我说："我觉得我该对自己说的所有话负责，因为儿童们会照做。"

如果教师希望儿童做安静练习，那么，实际上，在她吩咐之后，他们就已经一动不动了。但是，服从的表象并不妨碍儿童的行动自由，他们可以按自己的喜好安排好全天的活动。他们将自己需要的教具拿走，整理干净校园，若教师迟到了或者教室里只有儿童们自己，情况与平时也没什么不一样。参观者们最感兴趣的一点是，自发的纪律与秩序彼此结合了。

哪怕是非常安静的环境，纪律也能保持得很好。要求还没被提出，儿童们就已经执行了。是什么让儿童有了这样的表现？

安静的教室，认真工作的儿童，无疑是一幅非常动人的画面。这种安静的氛围，从未被破坏，也从未有人试图凭外在手段去实现。

书写和阅读

儿童们的母亲希望我能教他们识字，就选了两三个代表来和我说这事，她们都没什么文化。那天，我没同意，我觉得这种要求超出了我的计划，但她们再三请求。

之后发生的事情让人震惊。我让教师用闪光的硬纸板做了一些拼音字母来教儿童们识字，他们只有四五岁，通过纸板字母不仅能感受到字母的形状，还能按照字形，用手来摹写。我把字母放在板子上，并按字形做了分类，将相似的字母放在一起，如此，儿童用小手抚摸字母时就能按照有些类似的字形——描摹。这位教师没为儿童做更多的安排，在她看来，这样做就很好。

我不知道儿童们为何如此的兴奋。他们像举旗帜一样将字母高高举起，一边高声欢呼，一边排队绕圈行走。为什么要这样做？

一天，我看到一个小男孩独自走在路上，一遍又一遍地重复说："拼写'sofia'，需要一个 s，一个 o，一个 f，一个 i，一个 a。"他不断地重复着。事实上，他是在分析与研究自己脑海中存在的词汇和它的发音。他酷爱探索，靠着这些，他终于意识到，单词的每一个发音都与相应的字母对应。实际上，许多词汇的发音都是字母与符号的对应。口头语是用来说的，书面语则是将语音逐字逐句地转变为可视的符号。两者的同步发展是书写进步的标志。最初的书面语全都源自口头语，就仿佛滴水成河一般，它们汇成了一条以字词与语言为主的别具特色的溪流。

一个真正的隐秘被人们发掘了出来，即书写既有益于说话，也有益于字词。在它的影响下，手不知不觉便创造了另一种能将口语精准反映出来的语言——书面语言，还掌握了一种重要性丝毫也不输给语言的技能。所以，书写有益于脑，也有益于手。书面语言就仿佛无数语音汇成的溪流/瀑布，手是融入瀑布的一滴水，赋予它一种全新的动力。

书写是文字自然发展的结果，它的出现符合逻辑。所以，描摹成了手必然要具备的能力。通常，代表着某个特定语音的字母符号描摹起来并不难，但发生在"儿童之家"的种种事情却让我在震惊的同时，还有些始料未及。

一天，一个孩子因为学会了书写惊喜地大叫："我会写字了！我会写字了！"他在地板上用粉笔认真地写着字，其他孩子兴致勃勃地围在他身边。他们一边叫嚷着"我也会写，我也会写"，一边四处奔跑、寻找可以书写的地方。有的趴在地板上，有的拥到黑板前。所有儿童都在书写，仿佛爆发了一般。

他们不知疲倦地书写着，那股热情就如洪流。家里的所有地方，都是儿童的书写场，他们在门板上写，在墙壁上写，甚至在面包上写。这些年仅四岁的儿童，显露出了出乎我们意料之外的书写才能。譬如，我听这位教师说："昨天下午三点，这个小男孩才刚开始书写的学习。"

我们觉得自己见证了奇迹。我们曾经收到过一些带精美插图的书籍，也曾试着把书发给孩子们，但他们并不感兴趣。书中精美的图画只会分散他们的注意力，以致他们不能专心投入最感兴趣的书写工作中去。因为这个时候，他们更喜欢书写，而不是看图。或许，儿童们以前都没见过书，但在相当长的一段时间内，我们都在为激发他们对书本的兴趣，理解什么是阅读努力着，但徒劳无功。所以，我们将书本放下，耐心地等待一个更适宜的时机到来。儿童们还不怎么认识字，他们有些讨厌阅读其他人写的东西。如果我把他们写的字高声念出来，他们中的绝大多数都会转过头，用一种"为什么你会知道"的疑惑眼神注视着我。

半年后，孩子们才知道什么是阅读。之所以进步这么快，是因为他们将书写与阅读结合了起来。我描字的时候，他们会紧盯我的手，并意识到，我像说话一样，在用纸笔传达我的想法。在这种意识的驱使下，他们拿着我的字条走到角落，尝试着去读那些字。他们没出声，只是默读。突然，那因为竭力思考而紧皱的小脸舒展开来，他们开心地蹦跳着，似乎体内隐藏着的某根被紧压的弹簧一下子放松了。通过这些表现，我知道，我写的东西，他们全都读懂了。我写的句子都是以前用口语表述过的命令，譬如"把窗户打开""站到我面前"，等等。从那之后，孩子们开始学着阅读，很快就掌握了一些较为复杂的长句子。然而，在孩子们眼中，书面语不过是另一种传达思想的方式，就像人们通过口语直接交际一样。

以前，孩子们都用口语致欢迎词，现在，访客到来时，他们会保持沉默，然后起立，在黑板上写上诸如"十分感谢您的到来，请坐"之类的话。

一天，我们正聊着西西里岛发生的那场将墨西拿城①彻底摧毁、导致数千人罹难的恐怖大地震。一个五岁左右的儿童突然起立，走向黑板，用粉笔写道："我非常遗憾……"或许，他要对这场灾难表示哀悼，我们注视着他，这样想着。不过，他接下来却写道："我非常遗憾，我年龄幼小。"这好像反映了一种以自我为中心的奇怪心理。不过，小家伙的书写还在继续："如果我是成年人，就能给他们提供一些帮助。"这个孩子用一篇小短文展露了他善良的内心。而他的妈妈靠在街上售卖草药维持生活。

后来，还发生了一件更让人震惊的事。为了让儿童能更好地阅读书籍，我们准备了一些与印刷体字母有关的材料，教他们辨识。于是，学校里能找到的所有印刷体字母都成了儿童们的阅读对象。只是，想辨认那些字母真的很困难，比如印在日历上的哥特体②字母。同时，从儿童的父母那里，我们还了解到，上街的时候，儿童常在商店的招牌前驻足，所以，带儿童步行出门并不是可取的做法。很明显，儿童们只是想辨识字母，对读句子毫无兴趣。他们希望用了解字义学会书写的另一种方

---

① 墨西拿城，位处意大利西西里岛东北端，因遍植花木而闻名。1908 年，毁于地震。
② 哥特体，中世纪时流行于北欧地区的一种字体，以华丽著称。

式。成年人凭直觉来辨识雕刻在石壁上的史前文字，儿童也凭直觉辨别字母。能猜出符号代表的意义，就能证明成年人的辨识没有错误。同样的动机，促使儿童对所有的印刷体都怀抱虽然短暂却十分浓烈的兴趣。

急于将印刷字母的意思告诉儿童，可能会将他们探索的兴致与渴望彻底扼杀。在儿童还小的时候强迫他们看书识字毫无益处。被展示出的种种无关紧要的东西会让儿童蓬勃的内心力量弱化。于是，在相当长的一段时间里，放在柜子里的书再没被拿出来过，直到后来，儿童们才以一种十分有趣的方式接触到它。那天，一个儿童拿着一张皱巴巴的、明显是从废品中翻出来的书页兴冲冲地来到学校，悄悄问小伙伴："猜猜看，纸上是什么？""就是纸啊，什么都没有。""不对，上面有个故事。""有故事？"这引发了许多儿童的好奇心。于是，这个儿童开始朗读书本残页的内容——那个故事。

最后，意识到书本的重要性的儿童们迫不及待地开始找书。只是，在读到有趣的故事时，孩子们会习惯性地将那一页从书上撕下来带回去。那些书实在是太可怜了！它们的价值竟然是通过人为破坏来展现的。这样的事情给学校造成了一定的混乱，所以，当务之急就是将那些爱好阅读却又充满破坏性的小手管好。在我们的帮助下，还不明白什么是阅读，也不懂爱惜书本的儿童，就已经能像小学三年级的学生一样正确地进行拼写了。

身体的发展

我们在这段时间里并没有为改善儿童健康状况做过努力，但是，透过他们红扑扑的脸蛋和敏锐的眼神，再没有人能看出他们曾经的饥寒交迫、营养不良、贫血孱弱。似乎新鲜的空气和温暖的阳光让他们变得健康起来了。

其实，若是人的新陈代谢会因为心理压抑而活力衰减，那么，相应地，人的新陈代谢一定也会因为积极的心理而活力倍增，进而有益健康。我们为"儿童之家"的儿童们付出的努力就是明证。我们的经验曾经造成过剧烈的轰动，现在，它已是被社会普遍认可的真理之一。

对"奇迹"最好的解说，就是关于奇迹缔造者——儿童的报道已风靡世界。与他们相关的内容被编纂成书、公开出版发行，小说家因他们而灵感勃发。尽管作者只是叙述了自己真实的见闻，但他们描绘出的似乎是一个充满未知的世界。人的心理、奇迹等话题被人们屡屡谈及，儿童们的谈话被引用。最近出版的英文书《新儿童》，描述的就是他们的故事。为了验证这令人震惊的情况是否属实，许多外国人，尤其是美国人，不远万里来到这里。

第二十章
方　法

可以简要地描述一些事情和印象来对与"教育法"相关的问题进行阐述。达成这一结果的教育方法是什么？下面，我们详细地说一说。

人们见到的只是儿童，而不是方法。诚如人们所见，障碍物全部消除后，儿童心理的发展会遵循本性。我们罗列出的，包括花之芬芳、鸟之色彩在内的各种儿童时期的特征，都是儿童生活的一部分，并非某种"教育方法"造成的结果。但是，显而易见的是，教育对儿童的自然特性是有一定影响的，因为，保护与培养儿童才是教育的目的，因此，它正尝试着用某种方式来帮助儿童自然发展。这与培育新品花卉有些类似。

园艺家能通过恰当的照料和精湛的技术对花卉的一些自然特征，譬如色彩、香味等进行改良，但花卉的基础特性，如花卉会绽放，却不会随之改变。

"儿童之家"的孩子们的表现其实正是儿童某些天然心理特征的显露。和植物的生理性特征相比，这些心理方面的特征有些隐晦，毕竟，儿童的心理本就最易发生变化，不适的环境甚至会导致某些心理特征被替代，进而彻底消散。因此，在能促进儿童天性自然发展的适宜的环境被创造出来之前，我们根本就没必要对教育的发展进行讨论。要达成这一目标，关键就在于，将障碍全部消除，这是教育的基础，也是教育的出发点。

所以，只专注儿童现有的特征是不够的，还得对儿童的本性进行挖掘，只有这样，才能帮助儿童正常发展。

通过考察，我们发现，某些能促进儿童特征正常发展的偶发性条件是非常关键的。其中，首要条件是，为儿童提供一个不存在任何压抑因素的快乐环境。出身贫寒的儿童们会发现，新环境竟如此舒适——明净整齐的教室，为他们专门定制的桌椅板凳，以及院子里阳光照耀的草坪。次要条件是成年人的积极作用。父母都没什么文化，教师没有一般教师的傲慢，对儿童们也没有偏见，如此，一种"理性的沉静"应运而生。

很早之前，人们就知道，教师应该是沉静的，然而，这种沉静通常被认定为神经质，或者某种性格特质。但是，深层次的沉静其实是一种状态：心无杂念、剔透美好、毫无阻碍，内心因它而更加清晰，思绪因它而越发自由。心灵的理性与纯净构筑了这种纯净，要理解儿童，沉静是最不可或缺的条件，所以，它成了教师的必备素养。

为儿童提供感官训练中需要的各种科学、引人、恰当的感官材料，也是非常重要的条件之一。这些非常吸引儿童的感官材料不仅能帮助儿童完善自我感知，还能帮助他们分析与改进运动方式，集中注意力。教师想用言传的方式达到同样的效果是不可能的，因为教师的言传原本就是外部力量的一种。

由此可知，教育儿童、帮助儿童正常发展需要的三个外部条件分别是：恰当的环境、科学的材料、谦逊的教师。

接下来，我们来看看儿童的部分表现方式。最让人诧异的是，连续的活动仿佛魔杖，竟能将儿童天赋自然发展的门扉叩开。在心理的引导下专注地完成某项简单的、需要手的运动协同的工作，是连续活动的必然要求。我们知道，内在的冲动是儿童特征正常发展的源泉，真正的儿童的活动都是类似"自发选择""重复练习"的活动。我们发现，儿童的活动就仿佛一种与生命和发展密切联结的心理的新陈代谢，这种新陈代谢让他们工作的时候满怀喜悦、不知疲倦。儿童的所有活动都以自发选择为指导原则，他对安静类的练习表现得十分热情，他酷爱有光荣、正义倾向的课程，他迫不及待地学习着那些有益于他心理发展的工具的使用方法。但是，他不喜欢奖品，不喜欢玩具，拒绝糖果，有的时候还会展现出颇受我们关注的秩序、纪律方面的某些倾向。不过，他依旧是个儿童，朝气满满，快乐，可爱，诚实，开心的时候会拍手、会大叫，他们四处奔跑，高声欢迎访客，一遍又一遍地道谢，用跟随和呼唤来表示感激，待人友好和善，对看到的所有物品都充满喜爱，让一切都与自己相适应。

我们可以做一张表，将儿童自主选择的事物、自发的表现及觉得非常耗时间而拒绝接受的事物全部罗列出来。

1. 他喜爱的事物：

自主选择

运动分析

重复练习

安静练习

个人活动

错误控制

良好的社交行为

运动分析

感官训练

秩序与环境

阅读书写

自主活动

良好的个人卫生

复述

2. 他抗拒的事物：

奖惩

玩具

教师的讲台

拼写课本

糖果

毋庸置疑，通过这张表，我们能寻到某种教育方式的轮廓。总而言之，从儿童那里，我们已经得到了构建教育方法的、经过验证的、事实的、明晰的准则。这种教育方法以儿童的自发选择为指导，所有的错误都会被自然活力遏止。

人们惊讶地发现，这些原则的作用在真正教育法的架构过程中贯穿始终。长期的经验已经证明了这一点。我们因此忆起了脊椎动物的胚胎。胚胎中的脊柱初时只是一条不太清晰的线。线的内部有多个点，渐渐地，这些点会发展为断续不相连的椎骨。我们还可以更深入地对比一下。胚胎分三部分：头、胸、腹。我们的教育方法大体来说也是一个线性的整体，具有部分如椎骨一样逐渐变化的专属特征；并且，构成整体的要素也是三个，即供儿童使用的各种各样的教具、教师和环境。

逐步追踪轮廓的衍变是件非常有趣的事情。儿童是人类最初活动的指导者。这是原则衍变的明证，初时，它们都表现为某种出人意料的全新发现。这种教育方法与众不同，它的发展过程最好被视为不断衍变的过程，因为全新的发现源自生命，生命的发展又是以环境为凭依的。于是，环境就成了某种与众不同的事物。尽管它的提供者是成年人，事实上却是以儿童的生命发展为媒介展露的某种全新模式的自发、积极的反应。

这种教育方法在不同种族、不同社会背景下的各类学校中迅速得到推广，由此，我们不仅得到了大量的实践资料，还认识到了教育发展的一般趋势与共性。所以，我们能说，构架教育的第一基础应该是自然规律。

非常有趣的是，以"儿童之家"为原型建立的首座学校采纳了相同的原则，即在具体的、既定的外部计划被实施之前，对儿童的自主表现充满期待。

罗马首批"儿童之家"中，有一所发生的故事非常值得赞美且十分感人。这所"儿童之家"是为收留墨西拿地震①的遗孤专门创建的，和第一所"儿童之家"多有不同。幸存的儿童约有60个，他们都是在墨西拿废墟周边被发现的，谁也不知道自己姓甚名谁、出身哪里。因为那场灾难性的地震的影响，他们缄默、颓废、冷淡、失眠、食欲不振，入夜之后，更号哭不止。意大利皇后对此十分关切，她提供了一个快乐的场所，希望能帮助到这些不幸的儿童。儿童们的新家里，有很多色彩明艳、适用的小家具，譬如带门的小橱柜、圆形小桌、立式小凳、小巧的扶手椅、略高些的方桌，等等。彩色的窗帘悬挂窗前，餐具更格外引人关注，每一个儿童都有属于自己的餐巾、餐盘、刀叉、汤匙、小毛巾和肥皂。所有物品装饰都非常考究。教室四周摆放着花瓶，墙壁上有图画悬挂。这些不幸的儿童全被安置在圣方济修道院中一个带大花园、有金鱼池、鸽房和宽阔步道的寺院里。一身灰袍、头裹方巾、衣着庄严的修女们时常在院中走动，神态平和。

在修女们的教导下，儿童们的行为举止慢慢变得规范、良

———————————

① 1908年12月28日，意大利西西里岛墨西拿城发生里氏7.5级强震，城内98%的建筑被破坏，死亡人数超过十万，这次地震，是意大利史上最大的灾难之一。

好。许多修女都出身贵族之家，她们回忆着上层社会的种种行为方式，以此教导孜孜向学的儿童。儿童们学着用王子般的礼仪用餐，上菜时仿佛最棒的侍从。尽管他们仍食欲不振，但各种各样的新活动和新知识让他们非常开心。慢慢地，他们不再失眠，胃口也变好了。他们身上发生了令人印象深刻的变化。他们四处奔跑、蹦跳，提着东西到花园里去，或者将卧室的家具挪到树下，没撞到任何物品，所有物品都完好无损。在此期间，儿童们脸上浮动着快乐与幸福。

"皈依"一词就是那时候首次被使用的。一位遐迩闻名的意大利女作家发表评论说："从这些儿童身上，我看到了皈依，即让人们忘记忧伤、不再颓废、逐渐向着更高的生活层次迈进的匪夷所思的皈依。"

虽然这种表述矛盾重重，但这种想法确实让许多人印象深刻。"皈依"好像是与童年的懵懂彼此对立的一种状态，但它关注的是每一个人都能明显感受到的精神层次的改变。儿童的精神被更新了，悲伤与放纵离他而去，他变得既天真又快乐。

如果悲伤与放纵是背离完美的一种状态，那么，皈依代表的就是一种天真快乐的状态。

这些儿童确实皈依了，他们不再悲伤，他们重新变得快乐，很多根深蒂固的缺陷被他们克服了。不仅如此，一些往往被认为是优点的特征也从他们身上消失了。所以，他们的更新很是令人不解。他们以一种匪夷所思的方式证明着，犯错的人，必须彻底更新，这种更新源自人的创造力。如果这些复杂的现象并不存在，我们学校那些几乎已经绝望的儿童就无法正确区分自身的善恶，因为对成年人而言，善恶已然定型。不是儿童对成年人生活环境的适应度在衡量儿童的善恶，而是善恶在衡量这种适应度。儿童的自然本性因为这些错误的认知被掩盖。纯真的儿童不见了，在成年人社会中，他们是那样格格不入，他们早就被或善或恶的评断藏匿了起来。

第二十一章
富裕家庭的儿童

　　富人家的孩子生活的环境也是不正常的。或许人们会觉得，比起教导墨西拿地震后侥幸存活的孤儿或首座"儿童之家"招收的穷人子弟，教导富人家的孩子要更容易一些，然而，实际上，他们又经历了怎样的"皈依"过程呢？他们出身优渥，社会为他们提供了众多的奢侈品，他们好像具有特权。可是，欧美一些教师的教学经验却表明了很多问题。他们和我谈起了他们的第一印象，谈起他们对这类理念的抗拒和期间遭遇的困境。

　　虽然富人家的孩子享受着奢华的居住环境，但他们并不喜欢艳丽的花朵、花园和小径，对让穷人家的孩子着迷的事物也不屑一顾。所以，教师们很茫然也很不自信，因为他们选择的全都是自己喜欢的事物。

　　一般情况下，学校提供的玩具很精致，可富人家的孩子早就玩腻了，所以，当穷人家的孩子迫不及待地跑向玩具时，富人家的孩子却对这些刺激物毫无反应。G 女士在美国华盛顿任教，她写信告诉我："孩子们相互争抢，总想得到别人手中的教具，若是我有意将教具给某个孩子，其他孩子就会将手中的教具扔掉，吵嚷着将我围住。我演示完某个教具，他们就过来争抢。他们的注意力很不集中，从一个教具到另一个，对这些训练感官的材料，他们毫无留恋，并不真正感兴趣。有个孩子好动，连教具都没摸完一遍就坐不住了。多数情况下，他们的运动都是无目的的：他们在屋子里四处乱跑，所有值得关注的事物都无法引起他们的兴趣。他们掀桌子、踹椅子、踩着教具跑动。有时，他们也会停下来工作，可没过多久就丢下教具跑开，再捡起另一个教具，再跑开。"

巴黎的 D 女士也写信给我说："我不得不承认，我的经验很令人失望。没有一样工作能让儿童专注一分钟以上。他们不主动，缺乏耐心，仿佛一群羊，你跟着我，我跟着你。所有人都想要别人手中拿着的那件教具。甚至有些时候，他们会撞翻椅子，满地打滚。"

罗马一所专门招收富人子弟的学校，情况是这样的："这些孩子不愿意被指导，工作时总是乱搞，所以，我们最关注的其实是纪律。"

不过，现在已经没那么混乱了。

华盛顿的 G 女士继续写信分享她的经验："不遵守纪律的孩子就像构成星云的一个个旋转粒子，一段时间过去了，星云已经有了属于自己的形状，似乎孩子们在自我指导。开始的时候，他们对所有的教具都不屑一顾，觉得那很傻，现在，他们对教具产生了兴趣，因此，他们的独立人格开始运转。当他们全神贯注地摆弄一件教具时，其他教具再也不能吸引他们。他们已经有了自己感兴趣的事物。

"某件物品、某个与众不同的教具会引起他强烈的兴趣，当孩子找到它时，就意味着，他已经成了这场战争的胜利者。有时，这种热情迸发得很突然，毫无征兆。为了激发某个孩子的兴趣，我把学校里所有的教具都用过一遍，但徒劳无功。可是，一次偶然，我给了他一红一蓝两块写字板，希望他能注意两种颜色的不同。他马上伸出手，好像一直焦急等待着的就是它们。这节课，他认识的颜色足足有五种，之后的几天，他把以前给他的各种教具都翻了出来，并渐渐对它们产生了兴趣。

"有一个孩子，开始的时候注意力异常分散。后来，一个教具吸引了他。这是个非常复杂的教具，名为'长度'，整整一周，他都在玩这个教具，结果是，他不仅从混乱的状态中摆脱出来，还学会了简单的加减法和数数。之后，他开始对一些不那么复杂的教具也产生了兴趣，还学会了用同类型的各种教具工作。

"只要孩子们发现了让他们兴致盎然的教具，就会变得专注，摆脱自身的不稳定状态。"

这位教师还描述了与儿童个性激发有关的一些事情："一对姐妹，姐姐5岁，妹妹3岁，妹妹毫无个性，凡事都效仿姐姐。要是姐姐有一支蓝色的铅笔，妹妹也得有一支，否则就不开心；要是姐姐吃黄油面包，妹妹就会拒绝黄油面包之外的所有事物，诸如此类。学校里所有的事情都无法引起她的兴趣，她只愿意跟在姐姐身边，处处效仿她。但是，有一天，她开始关注红色的立方体，并用它们搭建城堡，反复多次，彻底将姐姐忘了。她姐姐很迷惑，忍不住问她：'为什么你要搭城堡？为什么不和我一起搭圆圈？'那之后，妹妹的个性逐渐展露，再不是姐姐的影子。"

D 女士说起了一个四岁的女孩，哪怕是端着只装了半杯水的杯子，依旧会将水洒出来，因此，只要有这类活动，她就刻意避开。可是，在她对一项练习产生了兴趣并顺利完成后，即便是同时拿起几杯水，对她来说都不算难事，给画水彩的同学送水时，更是一滴水都没洒过。

B 女士在澳大利亚任教，从她那里，我们知道了另一个非常有趣的故事。B 女士所在的学校有个女孩，无法说话，只能含糊地说一些简单的音节。女孩的父母心急如焚，带她去医生那里做检查，以判断她的智力是不是有问题。有一天，女孩突然迷上了立体镶嵌游戏，把大小不一的圆柱体从孔洞中取出又放进去，一次又一次，她怀着极大的热情重复着这个游戏，之后不久，她跑到教师身边说："你瞧瞧！"

D 女士继续讲述说："圣诞节后，班上生了巨变，我没插手，他们就自己建起了秩序。所有孩子都沉浸在自己的工作中，过去那种杂乱无章的状况再没出现过。他们自发地走向橱柜，拿出那些他们过去很讨厌的教具，一次又一次，毫不倦怠，一种工作的气氛在班级中成型了。以前，孩子们选择教具是出于冲动，现在是在遵从内在的需要。他们全神贯注地工作着，有条不紊，精准异常，在克服困难时，还能享受到一种真正的欢乐。这些对他们性格的形成造成了直接的影响。他们变得自主。"

一个四岁半大、想象力非常丰富的男孩让 D 女士印象深刻。拿到教具时，男孩从不关注它的形状，丰富的想象力促使他迅速将自己和玩具人格化。他不停地说话，注意力难以集中，紊乱的心理让他的行动变得笨拙，比如，他连纽扣都系不好。但是，奇迹很突兀地降临到了他身上。D 女士说："他的变化让我非常诧异，这变化太明显了，他爱上了一项工作，重复不断地练习，并因此变得十分沉静。"

在真正的教育法被提出前，学校的教师们无止境地重复着近乎相统且权威的教育理念。每一个关爱着儿童、关注着儿童"幸福"生活的、明智的父母都能发现，教育中出现的一些现象与困难其实是非常相似的，尽管某些精神困境源自优渥的物质环境。这也是基督那闻名世界的名言"为精神贫乏者赐福！为悲哀者赐福"能在所有人心中扎根的原因。

然而，每一个人都是被召唤者，只要克服自身面对的困难，就能对召唤做出响应。所以，只有童年时代，才会出现"皈依"。问题是，这种变化十分迅速，转瞬即逝，而且始终同因同源。我举不出任何一个皈依后的儿童不专注于某项有趣的活动的案例。所有的"皈依"都是如此产生的。被压抑的儿童变得开朗；神经质的儿童变得沉静；每一个儿童都顺着这条纪律性极强的道路前进着。内在的能力是进步取得的源泉，这种内在能力已经找到了合适的外显方式。

巨变是这些事实的共性，它昭示着儿童未来的成长。这就像儿童第一次长牙、说话、迈步一样，突兀却自然。第一颗牙长出来之后，其他牙齿会相继生长；说了第一句话、迈出第一步后，儿童学会了说话与走路的技巧。

"儿童之家"在世界范围内的迅速崛起，证明了皈依是儿童身上普遍存在的状况。研究发现，很多与众不同的品质因为被相同的品质替代而消失不见了。儿童心理的畸变多数都源于早期生活中的谬误。

正 常 化

一个令人诧异的事实是，皈依是一种让儿童回归正常状态的心理疗法。事实上，正常的儿童都是早慧早熟、懂得自我克制、生活平静、讨厌无所事事、喜欢有序工作的。从诸多的实验结果来看，所谓的"皈依"其实就是"正常化"。人的本性藏于自身，从出生开始，就已经拥有，所以，我们应该承认它的存在，并为它提供发展的可能。

然而，儿童的皈依并不会因这种原因就消失。或许，类似的皈依也会发生在成年人身上。不过，这种转变非常困难，因此，不能简单地将它视作人性的粗略回应。

正常的心理在儿童时期极易成型，届时，心理上所有的不正常都会消失，就像人痊愈后，所有的病症都会消失一样。

如果我们以这种眼光来看待儿童，很快就会发现，哪怕环境极不适宜，儿童仍旧会自发展现出某种正常化的特征。虽然人们并不承认这种正常化状态的存在，不愿为它提供帮助，但它们依旧生机蓬勃，不断凭自己的力量恢复着。依靠这力量，它们能跨越障碍，满足自身需求。

可以说，正常化的力量就仿佛基督的圣言，引导我们去原谅，是原谅77次，而非7次。虽然儿童被成年人压抑着，但本性促使他不断宽恕成年人，并竭力让自己成长。因此，儿童与妨碍他正常化的能量之间的战斗始终都在进行。

第二十二章
教师的精神准备

如果一位教师认为他可以仅仅通过学习理论来为他的使命做准备，那他就大错特错。教师要做的第一件事就是正确地处理他的工作任务。

我们观察孩子的方式是如此重要，仅仅知道教育理论还远远不够。

我们坚持认为，教师必须通过系统研究来准备好自己的内心，这样才能将那些会阻碍他和儿童建立良好关系的根深蒂固的缺点彻底改正。我们需要一种特殊的指导，才能发现这些潜意识的缺陷，我们要像别人看待我们那样来看待自己。

换言之，教师必须受到启蒙教育，他不能在关注"儿童的发展趋势"上投入太多精力，也就是说，教师必须是开明的。他不应该过分关注"儿童发展的趋势"，或采取"纠正儿童的错误"的姿态，甚至研究"原罪的影响"，而是应该先从研究自己的缺点和恶习开始。先把自己眼睛上的灰尘去掉，才能知道如何去除儿童眼睛上的灰尘。

教师的这种内心的准备不同于宗教信徒所追求的"完美"。一个好的教师没有必要将错误和缺点彻底消除。事实上，一个不断努力完善自己内心生活的人可能没有意识到自己身上存在的阻碍他对儿童的理解的缺点。想成为一个有能力的教师，我们就必须接受教育并愿意被引导。

我们应该指出可能对老师未来的工作造成妨碍的缺点，就像医生告诉病人患了什么病一样。例如，我们告诉他们："愤怒是一种极其有害的情绪，它会控制我们，阻碍我们理解孩子。"它还带来了另一种罪恶，那就是假装善良的伪装下隐藏着傲慢。

想要战胜恶习，我们可以通过内在和外在两种不同的方式。第一种方式是克服我们已知的缺点，第二种方式是限制我们恶习的外在表现。外在表现符合公认的行为准则是非常重要的，因为它让我们反思并意识到自己的错误。尊重他人的意见可以使一个人克服傲慢；调节经济状况可以减少贪婪；对方的强烈反应可以抑制愤怒；为生计而工作可以克服他人的歧视；社会习俗可以抑制滥交；不易获得的奢侈品可以减少浪费；保持尊严可以防止嫉妒。这些不同的外部因素中的任何一个都可以对我们的内心生活产生持久而有益的影响，社会关系帮助我们维持道德平衡。

但是我们不会仅仅为了顺服上帝而屈服于社会的压力。如果我们认为有必要承认和纠正我们在自己身上发现的错误，就不会轻易地认为被指出错误是一种耻辱。但普遍出现的情况是，我们宁愿犯错误也不愿意接受批评。当我们被迫对自己的行为方式做出改变时，我们会本能地试图挽回面子，假装我们只能这么选择。我们说的一些小谎言，可以对这一点进行证明。如果我们想要的东西求而不得，我们会说："我一点也不想要。"在面对外部阻力时，这是我们的本能反应。我们并不会努力完善自己的内心，反而会将这种斗争继续下去。用不了多久，我们就会发现，正如在其他战斗中一样，我们个人的努力离不开他人的帮助。拥有相同缺点的人们会本能地互相帮助，并找到团结他们的力量。

正如战争中的攻击性武器被描绘成捍卫和平的工具一样，我们会找一些高尚的幌子，有强烈的责任感，把自己的缺点掩盖起来。我们越容易受到自身缺点的伤害，就越容易找借口。

当别人批评我们的错误时，我们发现自己很容易对这些错误表示原谅，但事实是，我们保护的是我们的错误，而不是我们自己，我们将其隐藏在我们所谓的"美""必要性""共同利益"的面具后面，慢慢说服自己，将我们在良心上知道的错误当成真理，而且越来越不好改正。

简言之，教师和所有从事青少年教育的人都应该摆脱会危及他们工作的错误，他们应该努力摆脱由傲慢和愤怒构成的基本缺陷，并从真实的角度看待它们。愤怒是一种天生的弱点，但它被傲慢所掩盖之后，似乎增加了某种尊严，甚至要求别人尊重它。

但是愤怒是一种罪恶，它很快就会招致周围人的反馈，只有小心翼翼才能控制住愤怒，这样，最终只有那些自谦的人才会为自己的脾气感到羞耻。

然而，当我们和孩子们一起时，情况就完全不同了。他们不理解我们，也不保护自己，他们接受我们所说的一切，他们不仅遭受虐待，而且还会在被我们责备时感到内疚。

教师应该经常对儿童所处的困境进行反思。虽然儿童不能用自己的理性来对不公平的事情进行不理解，但他能感觉到有些事情是错误的，并因此变得沮丧和扭曲。儿童对于那些恶毒或者自私的成年人的反应是无意识的，比如怯懦、撒谎、行为偏差、莫名其妙哭泣、失眠和过度的恐惧，因为他们对自己为什么会沮丧没有一个合理的理解。

愤怒的原始状态意味着一定程度的身体暴力，但它也可能呈现出更微妙和文雅的形式，掩盖了它的真实本质。如果对儿童发怒，最简单的结果就是激起他们的反抗，但是这种愤怒很快就与傲慢混杂在一起，面对儿童微弱的表白能力，成年人变成了一个暴君。

暴君十分轻视讨论和辩论，在个人周围建立起一道无法逾越的权威之墙，而成年人以与生俱来的权利控制着儿童，对这种权利进行质疑，就像是在攻击某种神圣的统治权。如果暴君在原始社会中代表上帝，那么成年人就是神，他没有与儿童讨论的余地。儿童最好保持沉默，让自己适应一切，而不是反抗。

就算表现出某种抗拒，也很少是直接的抗拒，他们甚至很少打算对成年人的行为进行回应。确切说来，它是一个人心灵完整性的重要防御，或者是对外部压抑的无意识反应。

只有随着时间的推移，孩子们才会学会如何直接对抗这个暴君，但随后大人们也学会如何以更微妙的方式打败孩子，让孩子相信暴君都是为了他好。

儿童必须尊重他们的长辈，而成年人为了方便自己，就宣称自己有权对儿童进行评判，甚至可以冒犯儿童，他们不但操控儿童的需要，甚至对其进行压制。在他们看来，儿童的抗议是非常危险的，是一种不可容忍的不服从行为。

成年人采取原始社会统治者的态度。他们强行向臣民索取贡品，但臣民没有上诉的权利。儿童认为一切都属于大人，就像臣民们认为自己拥有的所有东西都仰仗国王的恩赐。但是，成年人是应该为这种态度负责的。他们自诩为造物主，傲慢地坚持认为他们要对所有属于儿童的东西负责，是他们让儿童变得更好、虔诚和聪明，让他们接触环境、他人和上帝。为了完成这部电影，他们拒绝承认自己有任何虐待行为。是的，没有任何一个暴君会承认折磨自己的人民。

根据我们的教育制度，一个想当教师的人必须反省自己，放弃这种专横的行为，必须消除心中的傲慢和愤怒，必须学会谦虚，变得和蔼和宽容。这些美德都是他必须具备的，这种内在的准备会给他带来平静和安宁。

但这并不意味着我们必须完全停止评判儿童，或者我们必须同意他们所做的一切，或者我们应该忽视他们的智力和情感发展。相反，一个教师要永远铭记他是一个教育者，他的使命是教育的一部分。

但是我们必须保持谦卑，将潜藏在我们心中的偏见完全剔除。我们绝不能对有助于教育的素质进行压制。我们必须抑制阻碍我们理解孩子的成年人的特殊心态。

第二十三章
偏离正轨

在观察了儿童的特征后，我们发现了一个令人诧异的事实，受正常化的影响，包括缺点和一般被视作优点的种种儿童期的特征会逐渐消失。邋遢、叛逆、懒惰、散漫、贪婪、自我、顽皮、好斗等特征消失不见的同时，创造性的想象力、对故事的喜爱、对他人的眷恋、乖巧等特征也消失了。一些通过科学研究一直被认为是童年期特有的特征也消失了，譬如效仿、好奇、注意力分散、喜怒无常等。这意味着，迄今为止我们仍不了解儿童的本性。不过，这并不是什么新鲜事。

或许，一些非常微小的事物就能让人误入歧途，因为有爱与帮助作幌子，这种事物出现并发生作用时，人们几乎不可能察觉，但盲目的成年人应该为此负责，在无意识的情况下，习惯了以自我为中心的成年人如恶魔般对儿童进行着影响。不过，儿童的自我更新始终在继续，有一种全新的、完善的形式支配着他们的发展。

恢复正常的儿童会有这样的表现：全神贯注地完成某些能让他与外部联结的正常动作。如此，我们就能假定，儿童心理的所有畸变全都有着同一根源，即不能按照自己独有的方式进行发展，因为在以实体化来展现潜在能力的形成时期遭遇了有敌意的环境。

所以，如果我们能将某些猜测转变为与众不同的、简白的、清晰的原因，那么，一个事实就能被证明，即在生命最原初的时候，在人的精神还处在胚胎状态的时候，心理畸变就已经产生。只是，这个原因与众不同且具有未知性，所以，某些时候会导致对全人类的误解。

神　游

可以以"实体化"的理论为指导对心理畸变的特性进行解释。因此，我们能说，是运动让心理实体化，并与正在展露的人格实现了统一。若无法实现这种统一，无论是成年人掌握了绝对主动，还是儿童处在无动力的环境中，心理的发展与运动的发展无法同步，就会导致人的"分裂"。因为所有事物都不存在实际的生灭，所以，儿童的心理只会沿着应有或错误的方向发展。人之所以会发呆、会迷惘、会觉得空虚，全是因为内心的散漫与毫无目的。心灵的塑造应当是自发的，如此，它才不会在幻想中沉沦。

失去工作对象后，漂泊的心灵会被符号或图像吸引。即便儿童原本活力满满，出现失调状况后，也会被折磨得坐立难安，行走坐卧，毫无目的可言。他们做工作，刚刚开始就放弃，因为他们的心理朝向不固定，同时面对了多个对象，而不是一个。无论成年人对儿童的散漫与焦躁抱持的是宽容的态度还是惩戒的态度，事实上，他们都赞同并鼓励儿童去幻想，在他们看来，幻想展现着儿童内心的创造性。所有人都知道，福禄培尔①——德国闻名遐迩的教育家——开发了许多有益于儿童想象力发展的游戏与娱乐活动。儿童在成年人的教导下用积木搭出城堡、王座和马，并仔细观察它们。实际上，所有事物都能通过儿童的想象力呈现出某种象征性的内涵，如此，一种幻想的情境就会出现在他心底。纽扣变成骏马，椅子变成王座，石子变成飞机。玩具是儿童幻觉的载体，但它无法为儿童建立起与外界之间的联系，儿童可以玩玩具，但那没什么意义，玩具构架的环境，对儿童来说，除了承载幻觉，并无任何实用之处，它不仅不能让儿童专心致志，还会让儿童沉沦幻想之中，误入歧途。余烬之下总有些微的火焰隐藏，玩具就仿佛这微火燃起的烟雾，能促使儿童去活动，然而，微火很快就熄灭了，玩具不久之后也会被丢弃。但是，成年人觉得，儿童只有通过玩具才能将自身的智力展现出来，所以不遗余力地为他们提供玩具，并任由他们无限制地玩耍。

———————————

① 现代学前教育鼻祖。

成年人只赋予了儿童游戏的自由，或者说是玩玩具的自由。他们坚信，玩具、游戏是儿童的幸福之源，即使玩具很快就被儿童厌弃、毁坏，但成年人的想法依旧坚定不移。他们在这方面表现得非常大方，毫不吝惜地将玩具送给儿童，以至被认为非常仁慈。在未来生活的奠基期，儿童从成年人那里得到的唯一自由就是玩玩具的自由。在学校里，表现出"分裂"特性的儿童常被误认为是非常聪明的，哪怕他们的活动毫无章法且十分任性。

　　然而，我们可以发现，当这些儿童置身于我们特地为其量身打造的环境中时，会变得非常专注，不再坐立不安，不再胡思乱想，反而立刻投入某种活动中，以非常平和的态度来面对现实、完善自我。他们实现了正常化，他们的行动有了方向，在内在力量的指引下，脱离了漫无目的的状态。他们通过运动器官了解与认识现实的工具，所以，盲目的好奇被强烈的求知欲替代了。心理分析学家凭着卓越的洞察能力，将这种异乎寻常的想象力与对游戏的病态热情描述为"心灵的神游"。

　　"神游"是已分裂的心理的伪装，是一种逃避，游戏或幻想世界都是儿童心灵的避难所。想要从苦难与危险中逃离的心灵，用"神游"的面具将自己遮挡，"神游"就是儿童潜意识的自我防御。

障　碍

　　人们常对想象力丰富的儿童寄予厚望，认为他们该是班级里最优秀的学生，然而，在学校任教的教师们却发现，事实并非如此，恰恰相反，很多时候，这些儿童做什么都做不好。但是，即便如此，依旧没人觉得这是儿童心理畸变的表现。人们觉得，他们之所以无法专注于实务，是因为他们的创造性智慧太过丰富。但是，事实表明，出现畸变后，儿童的心理就会失控，智力也无法得到充分的发展。受这些心理弱点的影响，儿童不仅会沉沦幻想、失去勇气，想要逃到自我中避难以致使智力的发展被压抑，还会出现智力受损的征兆。比起正常化的儿童，普通儿童智力的平均值普遍偏低。骨折后，需要治疗才能恢复健康，心理能力被不恰当地使用之后，同样也要治疗才能恢复，只是，这些心理已然失衡的儿童却没能得到细心的治疗，即便要促进他们的智力发育，这种治疗是必需的。恰恰相反，对他们而言，被压制才是常态。有一种非常有趣的心理现象，即用压制的方法无法将畸变后丧失防御力的心理回归正轨。

这种心理防御，和我们常见的，以顽固或抗争为表征的心理防御方式存在明显的不同，事实上，这种防御是无法以意志来掌控的，它会从潜意识的层面对儿童接纳与了解外界观念的行为进行阻碍。

心理分析学家将这种现象定义为"心理障碍"。儿童的心灵因为被一层帘幕笼罩而越发迟钝，教师应该意识到这个问题的严重性。在这种防御机制的影响下，潜意识会做出如下反应："你说你的，我却拒绝接受；你不停地说，我一直拒绝。因为我正在为建起一座将你隔离在外的墙而忙碌，否则，我就无法构筑自己的世界。"

这种防御的进程是非常缓慢的，它的延长，让儿童看上去仿佛丧失了天性的伟力。如此，意志好也罢，不好也罢，都变得毫无意义。实际上，在教师们看来，心理存在障碍的儿童，智力水平大都达不到平均水平，学不会算术，掌握不了拼音也很正常。

如果类似的心理障碍存在于不同学科，甚至所有学科中，聪明的儿童也许会被误以为痴笨。若是多次留级，还会被断定为弱智。一般说来，儿童面对的障碍有很多，心理障碍并非唯一，无数被心理分析学家们认定为"抵触"的外界防御物时时刻刻包围着它。刚开始的时候，儿童抵触的只是某一科目，之后，他抵触所有科目，接着，抵触学校、抵触教师，甚至抵触别的儿童。到那时候，关心不再，热情消失，儿童将恐惧校园，直至最后彻底从校园中脱离。

对一部分人而言，童年时期的心理障碍，一生都无法抹除。我们知道，有些人一辈子都不喜欢学数学，这就是例证。他们不仅学不会数学知识，而且听到数学这两个字就不耐烦、焦虑。同样的情况也适用于文法科目。我有一位旧识，是位年轻聪明的女性，以她的受教育情况和年龄来说，出现拼写错误实在是件匪夷所思的事情。她用过很多自我纠正的方法，却都徒劳无功。随着实践的加深，她的拼写错误越来越多，阅读经典名著也无济于事。然而，令我诧异的是，有一天，我发现她的拼写错误消失了。在这里，我无法详述个中原因，但毫无疑问，她的表述方式肯定与原来不同了。不管怎样，她正确拼写的能力被一种玄奥的力量压抑了，所以，她才会不断地出错。

治　愈

或许，人们会问，两种心理畸变，心理障碍与神游，哪种危害性更大？事实证明，在正常化功能完备的学校中，以幻想与游戏为表征的"神游"症，想要治愈并不困难。下列分析，可以说明这一点。一个人之所以从某个地方逃离，是因为他发现，他需要的事物没在那个地方。我们一直认为，环境改变后，肯定能将逃离的人召回。

实际上，心理畸变、处于被激怒状态的儿童，来到我们的学校后，很快就会发生转变，仿佛瞬间就从遥远之地归来了一般。他们的工作变得有序，平和满足的心态还为他们带来了一种更深层次的转变。心理畸变顺理成章地消失不见，一切都显得如此自然。但是，如果畸变在童年时期没被消除，它就会伴随儿童终身。

大多数想象力非常丰富的成年人，对环境的感觉其实非常模糊，并且，感觉印象时时刻刻支配着他们。他们因想象力丰富而闻名，却毫无秩序感。他们热情地讴歌天空、色彩、音乐、光线、风景，他们如诗人般感受着生活里的种种，却对自己赞美的光线缺乏真正的认知与热爱。

他们从星星中获得灵感，却不会长时间关注星星，以致无法获得最基本的天文学知识。因为没有耐心去磨炼技能，他们无法缔造任何艺术品，却又颇具艺术家气质。一般来说，他们不知道自己的手到底可以做什么，他们难以平静，因为过度兴奋，他们什么工作都做不了。他们是神经质的，常常摔东西，或者撞东西。心烦气躁时，他们会将曾经盛赞的花拔掉。他们无法缔造美丽，无法幸福地生活，也没有能力发现世间真正的诗意。若得不到他人的帮助，他们就会迷失方向，因为他们所认为的完美，不过是自身的一种器质性的癖好。这种源自人生初期的心理缺陷极易发展为真正的心理病变，因为人生初期是混乱最易发生的一个时期。儿童的正常发展受阻时，心理会发生畸变，一开始，这种畸变是很难被察觉的。

另外，心理障碍，哪怕是幼儿时期的心理障碍，想要克服也十分困难。为了防御外界现实的一切，心理障碍建起了一堵墙，将心理隐藏在墙内，所以，外界现实中可能会带来幸福的事物也一并被隔绝，所以，玄奥的心灵戏剧便只能在重重障碍之内上演。自我孤立的人不会向往音乐、不愿追寻科学与教育中的种种秘密、不想领略古典语言的魅力，相反，他视它们为仇敌。儿童的心理被错误地引导，以致厌恶所有科目，即使这其中可能有一些原本是他喜欢的。儿童厌倦学习，甚至因此厌倦世界，在儿童心中，世界已无立锥之地。

"障碍"是个暗示性极高的概念，提起它，我们总会不由自主地想起在卫生常识还不普及的年代用来预防疾病的种种方式。人们将自己长期禁闭在不透光的环境中，不接触阳光、水和新鲜空气。无论昼夜，紧闭门窗，以致空气都无法流通。他们仿佛洋葱一般，用厚重的长袍将自己一层又一层紧紧包裹起来，以免纯净的空气渗入毛孔。所以，人为设置的种种障碍成功将身体与外部环境彻底隔离。

另外，社会中常见的一些障碍物也会让我们联想到障碍。人们为何彼此孤立？所有家庭为何都抵触与别的家庭接触，甚至态度冷漠？没有哪个家庭会向往孤独，因为家庭的小圈子会赋予他欢乐，因此，他们抵触与别的家庭接触。障碍被竖立起来，目的却不是捍卫爱。比起居所外的围墙，封闭的心理障碍更加难以逾越，受此影响，人被划分为不同的等级、有了不同的民族。

国界的用处不是将一个和谐统一的同类人团体与其他国家分开，而是用来为国家的人民提供自由和保护。当然，疏远他人的欲望和防御心理强化了国家之间已经存在的障碍，给人们用商品进行交流设置了障碍。

但是，如果物质和思想的交流可以促进文明，那么缺乏信任的背后是什么呢？难道连国家本身也会遭受这些痛苦和暴力造成的心理障碍吗？痛苦和悲伤已经形成，痛苦是如此之大，以致这些国家的生活已经退回到更加可怕和更加强大的屏障之后。

依　　附

有些儿童性格驯顺，心理能力孱弱，以致无法抵御来自成年人的影响。因此，一个有意以自身活动来取代儿童本身活动的成年人就成了这些儿童的依附对象，他们变了，变得对成年人极度依赖。他们失去了活力，自己却浑然不觉，所以，他们变得爱哭，没有哪样物品能不被他们抱怨；他们总是愁眉苦脸，仿佛正处在痛苦中；他们缺乏耐心，感情脆弱，还有些神经质，可他们自己不知道这些，他们没能力靠自己从烦躁和压抑中脱身，所以希望成年人或者其他人能为他们提供一些帮助。他们以他人为依附对象，似乎只有依附他人才能存活。他们向成年人求助，希望成年人和他们一起唱歌、玩耍、讲故事，希望成年人永远都陪伴在自己身边。这些儿童成功地将成年人奴役了。哪怕成年人对儿童怀抱着至深的感情，仍不免要陷入窘境。儿童一直在追问"为什么"，貌似求知欲极强。可是，认真观察一下，就会发现，他们根本没听答案就立马问了另一个问题。看上去，他们对一切都充满了好奇，事实上，这不过是一种将乐于帮助他们的人始终留在身边的手段。

成年人会发现，儿童的意志很容易被取代，成年人的一个命令就能让他们轻易放弃自己的工作。无论在什么事情上，儿童都会选择向成年人让步。然而，这其中却潜藏着巨大的危机，儿童会因之变得冷漠，或者说是懒散或怠惰。

这样的转变很合成年人的心意，因为，懒惰的儿童不会妨碍他们的生活，然而，这其实是一种严重的心理畸变。

懒惰是不是心理疾病的一种？重症患者的身体会显得非常虚弱，同理，心理的活力与创造性衰退时，儿童就会变得懒惰。

懒惰是基督教七大原罪之一，是能让灵魂衰亡的罪恶。

儿童的发展一直都被成年人阻碍着，成年人常以暗示的方式来左右儿童，给儿童提供毫无意义的帮助，还试图用自己的意志去支配儿童的意志，并且对此懵懂无知。

占　有　欲

无论是正常化的儿童还是幼儿，都具有运用自身官能的本能。受外部运动的影响，他们对周围的环境始终满怀热爱，并不冷漠。他们就仿佛一群饥肠辘辘、正在寻找食物的人，为满足某种物质需求，他们寻找着食物，而非某种源于理性的造物。譬如，即便他不会在饥肠辘辘时表示："我已经很长时间没吃食物了，要是不吃，我就没有力量，甚至失去生命，所以，我得找些食物来补充营养。"但是饥饿让他痛苦，在这种痛苦的驱使下，他会迫不及待地去寻找食物。儿童的精神也会饥饿，也会迫切地到环境中去寻找营养品，他在自己的活动中找到了它。

"新生儿酷爱精神的乳汁"，儿童也因此对环境满怀热爱，这是人不可改变的本能。然而，说儿童在对环境的爱中饱含激情却是谬误的，因为激情转瞬即逝，只是一种冲动。恰恰相反，我们该以"维系生命所必需"的动力来描述它。儿童对环境的热爱是这种动力的源泉，它驱使着儿童不断地工作。这就好像人呼吸，空气中的氧气进入身体后，会转化为热量来维系生命。

活力满满的儿童总会给人留下这样的印象：他生活在有益于他自我实现的适宜环境中。若不然，他的心理发展就会停滞，怯懦与孤独会一直包围着他。如此，儿童会变得麻木，会表现出匪夷所思的空虚、任性、无能、惹人烦，且与社会格格不入。

如果儿童无法在对他的发展有益的活动中找到目的，那么，对他而言，这就只是被某种"事物"吸引后产生的一种占有欲。取走某件物品并收藏它并不是件难事，无须爱，也无须知识，然而，儿童的心理却会因此转变方向。如此，看到金表时，儿童会说："把它给我。"却无法说出时间。这个时候，又有一个儿童叫嚷："不，它是我的。"为了争抢这块表，他们准备干一架，却从没想过，这样做会不会损坏金表。所以，人与人之间的竞争就这样开始了，即使它会导致物品的损毁。

事实上，道德上所有的偏差都源自爱与占有欲之间的第一次选择。儿童选择了，于是就专心致志地顺着两条岔路中的一条向前走。儿童身上的自然力量，就仿佛章鱼伸出去的触手，迫不及待地抓住某件自己亟须的物品并摧毁它。抓住物品时，他会感觉自己像个主人，彻底掌控了它，于是，他准备像捍卫生命一般捍卫它们。健壮、活跃的儿童为了保护自己的占有物，会毫不犹豫地将其他试图占有它们的儿童击退。因为想占有同一件物品，他们常常吵架。这是痛苦的源头，因为某种冷酷的感情，他们常为琐事吵来吵去。事实上，争吵本身既重要又不重要，这就好像，被黑暗充斥的光明之地，非常不协调，一个人的自然能量被引导上了错误的方向。所以，被占有的物品并不是占有欲产生的根源，它的根源是存在于内心深处的某种罪恶。

诚如众人所知，在对儿童进行道德教育的时候，我们会时刻告诫他，让自己成为外界事物的依附物是不对的。尊重他人财产，是这种教育理念的基石。儿童若能做到这一点，他崇高的内心与他本身之间就能产生某种联系，正因为如此，外界的事物才会成为他渴望的对象。这种欲望根植于儿童内心深处，可视为人之本性。

那些性格驯顺的儿童同样会为某件毫无价值的物品聚精会神，试图去占有它，只不过，他们不习惯与人对抗，不擅争吵，所以，选择了另一种"占有"方式。他们更乐意将物品藏起来或者积攒起来，甚至因此得到了"收藏家"的雅号。只不过，他们的收藏品十分杂乱，什么都有，并未按照某种知识来分类，彼此之间也没有任何联系。病理学家发现，无论是行为恶劣的儿童，还是存在心理缺陷的成年人，都有收藏癖，他们的口袋中从不缺杂乱无章且毫无用处的物品，这种情况有悖逻辑且十分荒唐。类似的情况，在习惯缄默、个性怯懦的儿童身上也出现过，不过，他们只是单纯地喜欢收藏，很正常。若是有人试图将儿童收藏的物品夺走，儿童会竭尽全力捍卫它们。

对这种收藏癖，心理学家阿德勒①给出的解释非常有趣。

① 阿尔弗雷德·阿德勒，奥地利著名精神病学专家，生于1870年，逝于1937年，人本主义心理学的奠基人。

他将这种现象视作萌芽于幼儿时期的、成年人本性的贪婪。若某个人把诸多对自身而言毫无用处的物品当作依附对象，且不愿舍弃，就仿佛服用了剧毒药，会导致他的发展失衡。父母们觉得，儿童对财产的捍卫是人性的一种展现，是社会生活的关键点，所以乐见其成。社会对占有欲强、喜欢收藏的儿童也表现出了足够的理解与宽容。

权 力 欲

病态的权力欲与占有欲休戚相关。试图掌控环境的人都具有借由热爱环境来占有外部世界的本能。然而，如果这种本能偏离了心理自然的发展轨迹，变成了纯粹的贪婪，那么，他的方向就错了，就趋近于占有欲了。

待在一个强有力的、能够掌控一切的成年人身边，会让不正常的儿童自我感觉良好。事实上，他们知道，利用成年人能极大地增加自己的力量。于是，成年人成了被利用的对象，如此，他的收获比独自努力所能获得的收获多出了不少。这并不难理解，每一个儿童都受到了这种方式潜移默化的影响，以致他们觉得这无比正常。要纠正它十分困难。当然，这是儿童们最惯常使用的一种策略，非常经典。对怯懦的儿童而言，这是最自然、最合理的手段。一旦发现某个强有力的人可以成为被利用的对象，他就会立即付诸行动，并提出一些在成年人看来很不合理的要求。实际上，儿童有着无穷的欲望。在想象力丰富的儿童眼中，成年人的权力是无边无际的，他的每一个变化无常的要求都能被满足。这样的想法，在对儿童有着强烈吸引力且极富魅力的神话故事中充分地展现着。儿童觉得，神话故事中的某些描述总能契合他们那并不明晰的渴望，这无疑很令人欢喜。仙女赋予人力量，靠这些力量，人得到了仅凭自己根本就不可能获得的财富与福利。有的仙女很丑陋、很邪恶，有的则很漂亮、很善良。贫穷的人和富有的人在森林中、皇宫里，都能看到仙女的身影。生活在成年人环境中的儿童通过想象力赋予了仙女各种不同的形象：她们有的如祖母般年迈，有的像母亲般妩媚，有的衣衫破旧，有的穿金戴银，正如有的母亲生活贫寒，有的母亲生活优渥、衣饰华美一样。然而，她们全都深爱着自己的孩子。

只要是成年人，无论高矮胖瘦，对儿童而言，都是强有力的依靠。被自身幻梦支配着的儿童将成年人当成利用的对象，起初，成年人对此乐见其成，他很乐意为儿童带去幸福，让儿童开心，然而，这种让步却成了不幸的开端。成年人会为帮儿童洗手的行为付出代价。赢了第一次，儿童就期待能赢第二次，于是，儿童想得到的事物越来越多，成年人则不得不一次又一次地让步。最后，自以为是在满足儿童的成年人收获了苦果。因为想象力没有止境，物质世界却是有限的，两者之间存在现实的差异与非常尖锐的矛盾。当儿童用任性来惩罚成年人时，成年人蓦然意识到："我错了，我把孩子宠坏了。"

性格驯顺的儿童，会用感性的方式，譬如眼泪、请求、忧伤的神情、本身的魅力等来征服成年人。成年人一定会向儿童屈服，直至他不能再给予儿童任何东西，而后沉沦于痛苦。这样的状态是非常不正常的，心理的畸变恰恰根源于此。成年人最终会意识到，是自己的行为导致了儿童的心理缺陷，于是，他开始寻求一种方法，试图将错误纠正。

然而，众所周知，儿童的固执与任性根本就无法矫正。惩罚也好，劝说也罢，都徒劳无功。这就像是告诉一个因高烧而昏迷不醒的人他一定会康复，还威胁说，若是体温降不下来就打他一顿一样。实际上，成年人的关爱对儿童来说并不是发展的助力，反而是种阻碍，甚至会让他误入歧途。

自　卑

在自身毫不知情的情况下，成年人一直蔑视着儿童。或许，父亲会为自己的孩子骄傲，觉得他聪明漂亮、毫无缺陷、未来一定大有可为，然而，在某种神秘力量的驱使下，他的言行举止传达出的却是另一种意思，仿佛他的孩子既调皮又蠢笨，所以需要被教导、被纠正。受这种想法的影响，成年人对儿童很是轻蔑。而在儿童眼中，成年人始终都是最强大的那一个。成年人在儿童面前毫无顾忌地展现着自己，他觉得那是他的权力，而在他人面前，他从未展现过那被他视为羞耻的一面。在家庭中，成年人，尤其是父亲常是暴躁、独裁、贪婪的，儿童的自我被伪装良好的父亲的威权一次又一次摧毁。譬如，儿童端着一杯水走过，成年人看到了，在贪婪的影响下，他觉得杯子就是宝贝，因为害怕儿童将杯子摔碎，就立即夺走了儿童手中的杯子。或许，这个成年人非常富有，还希望儿子比他更富有，为此，他决定将自己的财产翻几番。可是，那个时候，在他眼中，杯子的价值远超孩子活动的价值，所以，他不惜一切地保护杯子。同时，他也在思考："为什么我要用另一种与孩子完全不同的方式来端杯子？难道我无权按照自己的想法行事？"但是，就是这样一个人，却愿意为孩子牺牲一切。他盼着自己的孩子功成名就、有权有势。可是，一种独裁与权威带来的冲动立刻支配了他，让他为了保护一件无足轻重的物品而耗费大量精力。如果打碎杯子的是某位客人，他根本就不会在意，还会强调杯子很廉价。

所以，在接连不断的挫折影响下，孩子会注意到，除了他自己，所有人都能碰那东西，所有人都觉得，是他给物品带去了危险。这种想法会让儿童自卑，觉得自己比那物品更廉价。

另一种不容忽视的情况是，要满足儿童正常的心理发展需要，就必须允许他们触碰并以合理、有序的方式去使用各种物品。从发展的角度来看，一切对儿童而言都至关重要。成年人不再刻意关注他日常行为的顺序，因为这种顺序已融入他的生活。清晨，从床上爬起来后，儿童就知道什么是自己必须做的事情，他有条不紊地完成自己的工作，觉得一切都很正常，就像呼吸心跳一般自然而然，无须再刻意关注。

反之，在这方面打下了良好基础的儿童从未刻意去制订过任何一个行动计划。成年人打断正在游戏的儿童，因为他觉得他该去散步了，于是，他就帮儿童打扮好带出门。抑或，母亲的朋友在儿童工作的时候——比如往桶里装石块的时候——登门拜访，于是，为了见客，儿童不得不停止自己的工作。总而言之，儿童的工作常被成年人打断，成年人总是毫无预兆地闯入儿童的生活，儿童的生活被强有力的成年人支配着，成年人当然不会和儿童商议，凡此种种，让儿童觉得，自己一直都在做无意义的工作。然而，在打断成年人之前，哪怕正在交谈的两个成年人中有一个是仆从，儿童依旧会先说一句"如果您允许的话"。可是这种行为同样会让儿童自卑，让他觉得自己和其他人不同，觉得所有人都比他地位高。

诚如我们之前提到的那样，儿童的行为顺序是受某个内部早就制订好的计划指导的，从发展的角度来看，这对儿童至关重要。总有一天，成年人要告诉儿童，他必须为自己的言行举止负责，不过，这种责任感的产生，却要依赖儿童对不同行为之间关系的领悟及对其重要性的评估。可是，在自卑的儿童眼中，自己的所有行为都是无关紧要的。父亲非常自责，因为他没教会儿子自制与担当，但父亲却不知道，摧毁孩子自尊、破坏其连续性行为的罪魁祸首，恰恰就是他自己。如此情况下，儿童就会产生一种自己很无能、很卑贱的隐秘想法。事实上，无论是谁，在学会承担责任之前，都必须先有自信，坚信自己是自身行动的支配者。

觉得自己无法完成某项工作时，人们会很沮丧。瘫痪的人会拒绝与健康的人赛跑，普通人也不愿意在拳击场上与职业拳手对抗。甚至，在尝试这么做之前，他的勇气就会被某种无力感磨灭，以致他连尝试都不愿意去做。因为成年人长时间的羞辱，儿童觉得自己怯懦无能，行动的欲望被无限制地压抑。可是，仅仅阻止儿童行动，显然并不能让成年人满足，他还会反反复复地告诉儿童："你不用做这些，你也做不了。"如果这是个粗鲁莽撞的成年人，他甚至会说："笨蛋，瞧瞧你都做了什么，这不是你能做的事，你不知道吗？"成年人这么做，不仅是在侮辱儿童，还会阻碍他的工作，他连续性的行为也会因此中断。

儿童会因此认定，不仅自己做的事情毫无意义，自己也非常愚蠢、非常无能，以致无比颓丧、不自信。如果一个强有力的人拦着我们，不让我们去做想做的事情，我们最起码还可以安慰自己，有人的处境比我更糟糕，我们重新再来就是。然而，如果在成年人的影响下，儿童坚信自己什么都做不到，那么，他的心灵就会被乌云笼罩，他会变得漠然、怯懦、恐惧。发生这种情况时，儿童就会变得"自卑"，"自卑"是一种内在的心理障碍。这种什么都做不好、不自信的情绪会烙印在儿童心中，以致他不愿意去参加任何社会活动。

自卑的儿童性格怯懦、优柔寡断、逃避困难与批评，受到压抑时会哭泣，他们内心十分痛苦，上述种种表现都与痛苦形影不离。

正常儿童的表现则恰恰相反，他们不仅有担当，而且非常自信。

罗马有一座"儿童之家"，位处圣洛伦佐，当访客因为学校放假而倍感沮丧时，一个男孩告诉他们，儿童可以自行将教室的门打开，即便没有教师监督也能自由活动。彼时，男孩表现出的就是一种无缺憾的平衡人格，他很了解自己的能力，一点也不傲慢，他知道自己正在做什么，也知道如何做，所以，他自然而然地觉得自己一定能做好它。

同理，当意大利王后站到一个正在拼字母的男孩面前，要求他用活动字母拼出"意大利万岁"这句话时，男孩根本就没理会。他专心致志地将字母按照正确的顺序复原，虽然他听到了王后的话，却没被打扰，仍自顾自地平静工作着，就仿佛世界中只有他一个。尽管我们希望他能遵从王后的吩咐，停下自己的工作，去拼那句话，以示尊重，然而，那孩子已经习惯了这样工作，无法放弃或改变，在拼写新的单词前，所有使用过的字母都必须被放回原处，再重新开始。按习惯做完自己的工作后，这个年仅四岁的小家伙拼出了"意大利万岁"，虽然他还小，但已经能自如地掌控自己的情感与行为，并对一些事情做出恰当的应对。

恐　惧

心理畸变的另一种表现形式是恐惧。儿童会恐惧被认为是非常正常的事情。提及某个性格怯懦的儿童时，人们总会发现，他们之所以会恐惧，是因为受了心理方面某些根深蒂固的紊乱现象的影响，外部环境在其中发挥的作用反而不大。换言之，恐惧被当成了儿童性格的一种，一如羞涩。有的儿童畏缩极了，仿佛恐惧的预感已将他重重包裹，有的儿童却很勇敢、朝气蓬勃、无所畏惧，可有些时候，某种无法诠释、无法克服的神秘恐惧感，也会将他们支配。从前获得的某些过于强烈的心理印象是这种心理状态的直接成因。譬如，儿童可能不敢从马路上走过，可能担心有只猫在床底下，可能看到鸡就害怕。这种病征，与成年精神病患者身上出现的病征非常相似。成年人依附型儿童最易恐惧，且恐惧的类型千奇百怪。为了让儿童乖乖听话，成年人总利用他们的天真，故意吓唬他。对成年人而言，这不过是一种防御手段，但这种手段真的很坏，因为无处不在的恐怖形象被错误地利用了，儿童本就恐惧黑暗，现在，这种天生的恐惧感被加剧了。

要帮助儿童从这种混乱恐惧的心理状态中走出来，让他接触现实，体验环境中的一些事物并了解它们，都是不错的办法。消除儿童潜意识中的恐惧是我们这个致力于让儿童实现正常化的学校最显著的教育成果之一。

西班牙一位遐迩闻名的作家曾对发生在自己家的某些情况做过描述。他四个女儿中最小的一个，是我们学校的学生。每个雷雨交加的夜晚，姐姐们都很害怕，她却不怕，她会领着姐姐们去父母卧室，在那里，她们被很好地保护着。对满心恐惧的姐姐们来说，她的存在就是唯一的安慰。所以，当她们因置身黑暗而恐惧焦虑时，就会迅速跑向妹妹。

"恐惧心态"与危险来临时因要保护自身而产生的一种本能的"恐惧"是完全不同的。比起成年人，儿童其实很少恐惧。儿童面对的危险要少于成年人只是原因之一。甚至，人们可以断言，危险来临时，儿童表现出的恐惧要比成年人剧烈得多，这是普遍现象。其实，儿童也常处于危险的境地，譬如，淘气的孩子追逐街上行驶的汽车，乡下孩子爬树或从陡峭的坡道上往下冲，或者为了学会游泳无畏地往海里/河里跳。无数次，他们试图去救助同伴，或者在救助同伴时表现得像个英雄。在此，我要引用发生在美国加利福尼亚州的一个例子。当地有一家收治盲童的医院，病房发生了火灾。住在同一栋楼中的正常的儿童为了救援盲童全都冲了过去。报纸上、杂志上，每天都会报道一些类似的英雄事例。

或许有人会问，常在儿童身上出现的英雄主义倾向会不会因为正常化而越发明显。经验告诉我们，没有，不过，儿童表现出的某些愿望确实非常高尚。在日常生活中，我们的儿童表现得都很谨慎，谨慎让他们远离危险，进而获得了行动的自由。譬如，他们被允许使用摆放在桌上或放置在厨房中的刀具，他们可以放烟花，可以用火柴将火点燃，可以一个人伫立水池边，可以从城市川流的马路上穿过，等等。总而言之，儿童们学会了自控，不会因冲动而盲目，他们的生活变得平和与高尚。所以，儿童不会因正常化而陷入险境，反而会变得谨慎。因为谨慎，他们认识并远离了危险，进而在存在危险的环境中正常地生活下去。

说　谎

心理畸变就仿佛是一棵枝繁叶茂的大树，四面伸展的枝叶代表着它的表征，虽然有些表征很特别，但都源自树的根部，也唯有在根部，正常化的隐秘才可能被发现。心理学领域存在一种错误的观点，即认为所有的心理畸变彼此孤立、毫无关联。这种错误在当代教育领域也常出现。

谎言仿佛一件外套，遮蔽着儿童的心灵；说谎也是儿童主要缺点中的一个。或者可以说，谎言是人所有的衣裳，可以为心灵提供无数的伪装。谎言有千百种，每一种都有其特殊的含义。有的谎言很正常，有的谎言非常扭曲。强制性说谎是歇斯底里症的病征之一，以前的精神病学理论曾对此做过论述。对这种病征的患者而言，谎言就是他们所有的语言，他们的心灵早已被谎言遮蔽。在这一派的精神病学理论中，我们还发现，他们已关注到少年法庭上的伪证情况及被传唤的儿童下意识的说谎行为。因为儿童心灵的"纯洁无瑕"，人们常认为他们的话语中蕴含真理，所以，当被肯定的真实变成虚假，大众一片哗然。犯罪心理学家们也注意到了这一点，他们研究发现，紊乱的心理是儿童说谎的根源，事实上，他们一直在努力说真话，这种情绪又让他们的心理变得更加紊乱。

无论是常象还是偶然，这种以假代真般的谎言与儿童出于自我保护的目的撒的谎都是截然不同的。然而，在日常生活中，有些正常的儿童之所以会撒谎，与自我防御并无关系。或许，儿童说谎，只是因为他想将幻想中的某种事物描述出来，或者是在描述某些被其他人认定为真实的事物时用语夸张了一些。但他们这么说，却并非出于什么个人目的，想要获益等。它或许只是艺术最真实的一种表现形式，就仿佛一个进入角色过深的演员。譬如，一个孩子对我说，一位客人应邀来到他家，他母亲为客人端上了一杯自己制作的蔬菜饮料。这是一种纯天然的绿色饮品，富含多种维生素，既好喝，又有益健康。客人表示，过去没喝过与之类似的饮料。这是个很有趣的故事，儿童描述得也非常细致，于是，我竟跑去请教这位母亲，如何制作这种饮品。然而，孩子的母亲却告诉我，她没做过这类饮品。这是个谎言，孩子将想象中的事情编成了一个完整的故事，他享受编故事带来的乐趣，除此之外，他并无其他目的。

懒惰、对发现真理的活动不感兴趣，都可能让儿童说谎，只是此类谎言与上述谎言的性质完全不同。

有些时候，儿童的谎言甚至可能是经过缜密推理之后的结论。以前我见过一个被母亲送到寄宿学校短暂寄宿的男孩，他只有六岁。男孩所在班级的教师很有经验，对男孩也很关心，但不久之后，男孩就对母亲抱怨，说这位教师处处防备他、对他非常严厉。对此，母亲找到了学校的校长，一番询问后，她发现这位教师很关心她的儿子，而且是经常性的关心。母亲询问儿子，为什么要说谎，儿子回答："校长是坏蛋，可我不敢说，他们都没说实话。"男孩对传统屈服了，可这并不意味着，他没有勇气去指责校长。在适应环境的过程中，儿童会展现出一种天然的狡黠，类似的例子不胜枚举。

性格胆怯、缺乏勇气的儿童说谎常常是因为一时冲动。这种谎言只是一种因防御而形成的反射，并未认真推敲，没有做过修饰，只是临时乱编的，往往极易被戳穿。在与这类谎言周旋的时候，父母和教师却没意识到这代表什么。显而易见，这是儿童出于自卫目的，对成年人攻击做出的反抗。因为性格怯懦、没有羞耻心、无法随心所欲行事等种种原因，害怕被成年人指责的儿童选择了说谎。人们不难发现，这类谎言背后隐藏的人是何等的无能。

在儿童的发展过程中，说谎是很常见的一种心理现象，会随着发展而日趋条理化；它就如同人的衣裳，必需、恰当，甚至非常漂亮，是社会生活中至关重要的一环。在我们的学校，随着正常化进程的发展，一个孩子舍弃了谎言的伪装，变得真诚坦率。但是，作为心理畸变的一种，说谎现象不可能如奇迹般突兀地消失。它必须被改造，确切点儿说，它需要一种对心灵改造有利的环境：接触现实，人格自由，积极的、对高尚事物的兴趣，逐渐转变、变得越发清晰的思想等。

然而，一番分析后，我们发现，社会生活中充斥着虚假世俗的气息，试图纠正它，只会让生活变得更混乱。实际上，毕业于"儿童之家"，已经进入更高级学校就读的一些儿童，因为比其他孩子真诚，不太适应新环境，常被认为是桀骜且不懂礼貌的。可是，教师们却不得不承认，普通的学校教育中确实存在着太多的不真诚，就像日常生活中常出现的那般。在这些从未与真诚相遇过的教师眼中，这种真诚会摧毁道德，而道德一向被视作现行教育的基础。

对潜意识的隐瞒的诠释是人类心理学历史上最卓越的成果之一。心理分析学家们发现，生活披上了一件神秘的外套，编织这件外套的材料不是儿童假想式的编造，而是成年人的伪装。就像动物用毛皮/羽毛来保护/装饰/遮掩某个生活中不可或缺的、正处于活动状态的器官一样。为了生活，人们会用谎言构筑起一道墙，将自身最真实的情感掩藏起来。确切地说，他是为了在与自身纯然无瑕的情感格格不入的世界中安稳地生活下去。心灵必须努力与环境相适应，因为它无法在冲突不断的环境中生活。

在儿童面前，成年人总是虚伪的，这是一种最显而易见的隐瞒。成年人不愿承认自己牺牲儿童的需要来满足自身的事实，因为这让他难堪。他强迫自己相信，他的权力是上天赋予的，他做的一切都是为了儿童的前途。成年人不知道儿童的自卫行为意味着什么，他把这当成儿童走向错误的标志，认为是儿童不听话。在成年人心中，一种貌似非常合理、非常高明、永恒不变的虚伪正逐渐将越发虚弱的正义与真理替代，也就是说，责任、权力、智慧成了他行动的依据。"心灵变得冷若冰霜，偶尔才会闪烁出一丝水晶的光辉，一切都因它而破灭。……我心如铁石，我的手，因敲击它而负伤。"在名著《地狱》① 中，但丁以冰的形象做了巧妙的比喻，爱被彻底覆灭，仇恨寻到了庇护之地。水有液态，也有固态，人的心灵也一样，会爱，也会恨。将真实的情感藏匿起来，是在对精神撒谎，虽然这样做对人们适应社会有组织的病态环境非常有益，但是，长此以往，爱也会渐渐被恨取代。这是潜意识深处隐藏着的最恐怖的谎言。

---

① 《地狱》，长诗《神曲》的一部分。《神曲》是 14 世纪意大利著名诗人但丁的代表作，分"地狱""炼狱""天堂"三部分。"地狱"部分讲述的主要是诗人幻游地狱的经历，借此来揭露生活中的种种丑恶。

第二十四章
心理畸变对身体的影响

　　心理畸变后，会表现出各种不同的特征，其中有一部分貌似与畸变毫不相干，却对人的身体造成了不小的影响。应该对心理分析学家表示感谢，他们通过研究，证实了心理变化是诸多身体失调病症的根源。甚至有一部分缺陷，看上去与身体休戚相关，实则也是受了心理的影响，譬如，儿童身上经常出现的症状——消化不良。活泼强健的儿童一般都很贪吃，这种旺盛的食欲很难用忌食或培训的方式来改变。这些儿童的食物摄入量远超身体所需。他们的食欲很难被满足，人们却觉得这是一种"好现象"，即使他会因此生病、不得不去看医生。

　　从古而今，摄入的食物超出身体所需的行为，常会被认为是恶习，是不道德的。这种行为不但无益，反而有害，好像是正常食物敏感性退化的一种表现。人食欲的大小与食量都受这种敏感性的支配。这是所有动物的共性。处于支配地位的本能决定着它们的健康。实际上，这种本能包含两个方面：一是环境适应性，即引导他远离环境中的危险；二是自身，即引导它摄取食物。野兽在本能的引导下食用对它们有益的、应该食用的食物。诚然，这种显而易见的特征，每一种动物都有。不管吃多吃少，在自然环境中，动物都会根据本能摄取定量的食物。

贪食是只有人才具有的恶习，贪食的人不仅吃的食物过量，而且还吃了许多有害身体的食物。所以，我们能说，心理畸变一旦出现，人自我保护且能保障自身健康的敏感性就会消失。"不正常"的儿童可以为我们提供这方面的例证。他们的饮食短时间内就会失衡。只要是食物，都能吸引他们，他们喜欢食物，只因为外在的味觉。与生命息息相关的、占据支配地位的本能被削弱了，甚至已经消失不见，人也因此失去了自我保护的能力。我们的学校可以让儿童回复正常，在我们的学校里，常出现令人震惊的一幕，儿童变得正常，心理畸变消失，贪食的欲望也随之消失了。他们对所有行为的正常表现都非常感兴趣，所以，他们用餐时能保持合乎规范的正确礼仪。谈及儿童身上的这些变化，人们会惊讶地发现，在开办早期，"儿童之家"的儿童们身上这种至关重要的敏感性就在恢复，这令人震惊。儿童的部分生活场景被翔实地叙述着，以致人们不得不相信这一切都是真的。幼儿们用餐时，花费大量的时间来铺桌布，他们凝视着手中的餐具，尽可能地回忆着用餐和使用餐具时应注意的所有细节，或者，为比他更小的伙伴提供帮助。他们专心致志地做着这些，无比细致，以致有时候饭菜都放凉了。一些儿童想要得到帮忙端菜的机会，可是，他们的工作却只有一项，那就是用餐，这是件非常容易的事，可被拒绝还是让他们感到悲伤。

一些相反的事例也能证明心理对进食的影响。把食物让给他人的儿童对食物总有一种克服不了的怪异的憎恶感。多数人都体验过给孩子喂饭的艰难。他们什么都不吃，而且态度非常坚决，以致无论是他的家庭，还是寄宿学校，都倍感困扰。在专门招收孱弱与贫困儿童的教育机构中，这种现象最为明显，人们希望，儿童随时随地都能吃饱，只要他想。这样做的结果就是，儿童的身体拒绝接受任何一种药物的治疗，这真令人担忧。然而，拒绝进食与因为没胃口而导致的身体失调是完全不同的。恰恰相反，心理方面的某些变化才是儿童拒绝进食的根源。有些时候，它源于某种自我防卫的冲动；有些时候，是因为成年人强迫儿童保持与他相同的快节奏来进食，但儿童专家们研究发现，儿童进食的节奏与成年人截然不同，他有属于自己的节奏，这无可否认。专家们发现，即便吃的是身体所需的食物，儿童也不会马上就把它吃完，反而会在较长的一段时间内停止进食。

断奶前的儿童身上，也发生过类似的情况。吃奶的时候，他们有时会停止吮吸，不是不饿了，而是稍事休息，之后再以一种间歇性的缓慢节奏继续吃奶。因此，我们能看到一种冲动，它仿佛一面屏障，充满了防御性。当成年人强迫儿童用一种与他们的自然倾向截然不同的方式进食时，这种屏障就会被竖立起来。但是，这种防御只是个例，在有些事例中，必须被排除。有些孩子不愿意吃饭，只是因为体质弱。他们脸色惨白，常年待在户内，没接触过阳光，没呼吸过海边新鲜的空气，或许，这些对他的身体恢复是有益的，但是，深入观察后，我们发现，这类儿童对成年人极度依赖，完全受成年人支配。要治愈他们，就必须让他们远离压抑他们的人，还要为他们提供一个能激发心理自发性的自由环境。只有这样，才能让他们从病态的精神依附中脱离。

一些生理现象，譬如进食，貌似与心理毫无关系，但我们能看出，两者之间是存在关联的。《旧约全书》中载录了以扫①的故事，因为贪食，他做了一个非常愚蠢的决定，放弃了自己最大的利益，将出生的权力让渡给了兄弟。的确，在所有"污秽心灵"的恶习中，贪食应该占据一席之地。我们发现了一个非常有趣的事实，贪食与理智的关系已经被托马斯·阿奎那②进行了正确的诠释。他坚信，一个人的判断力会因贪食而迟钝，如此，人对能够理解的现实的认知就会减弱。但是，这种现象，在儿童身上的表现却截然相反，即贪食现象是被紊乱的心理引发的。

---

① 以扫，《旧约全书》中提到的人物，以撒与利百加的长子，被一碗"红豆汤"收买，将长子的名分让给了同胞弟弟雅各。

② 托马斯·阿奎那，中世纪经院派哲学家和神学家，自然神学的倡导者，曾用自然法则论证君权神授，1274年逝世，逝后被追封为"天使博士"，是欧洲神学史上最伟大的神学家之一。

在基督教中，贪食是七宗罪之一，人们认为它是一种与精神失调有关的、可能导致心灵死亡的恶习；换言之，它让我们违背了某种玄奥的自然规律。同时，它也是对现代科学理念的一种违背。我们与保护敏感性及削弱占支配地位的本能相关的理论得到了心理分析学家们的间接支持。只是，在心理分析领域，相关的解释略有不同，它被认定为是一种"死亡本能"。在它看来，人有一种渴盼死亡降临，甚至加速步入死亡的自然倾向。人会因此陷入绝望，在酒精、可卡因和鸦片中沉沦。他渴望的是死亡，追逐的也是死亡，生无可恋，也无意去挽留生命。一切是不是清晰地表明了某种内在的、充满活力的、对自我保护有益的敏感性已经消失了呢？若这种倾向与死亡之间存在必然的联系，那么，它该是所有生物的共性。然而，这种现象在其他生物身上并未发生过，可以说，任意一种心理畸变都能消弭生活的希望，导致人走向死亡。这种倾向是非常恐怖的，在人还是幼儿的时候，这种倾向就已经表现出了某种难以被察觉的微弱特征。

每一种疾病的出现都与心理相关，因为，生理与心理向来联系密切。然而，病态的进食会导致多种疾病的发生。有些时候，生病只是人的幻想，是一种表面的病态，实际上身体并没有病，病的是心理。心理分析学家们认为这种疾病与器质性神经症息息相关，在我们尝试着去理解这种病态时，心理分析学家们给予了我们极大的帮助。器质性神经症患者并未装病，确实存在一些真实的病征，譬如，身体功能紊乱、体温升高，等等。有的时候，外显的病征是非常严重的。但是，这种病的病灶并不在身体上，而是在心理上，它源于潜意识的紊乱状态，生理被紊乱的心理成功支配了。自我可以通过这种病症让人从难过的处境中脱离，或者逃避某种责任。没有哪一种疗法能治好这种病，只有自我从它本就不应停留的环境中脱离了，这种病征才会消失。当儿童所处的环境改变，变得自由，变得能让他正常地生活、发展，儿童身上的所有病态，就会像道德上的种种缺陷般自然而然地消失不见。现在，我们的"儿童之家"被许多儿童领域的专家们盛赞为"健康之家"，许多存在功能性障碍或者无法用常规疗法治疗的儿童都被送到了我们这里，而且，治疗效果令人震惊。

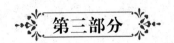

第三部分

第二十五章
人的工作

儿童与成年人的冲突

向平静的湖水中扔一颗石子，湖面会漾起一圈又一圈圆周式的涟漪，无限地向四方扩散；儿童与成年人之间的冲突，也仿佛石子的涟漪，不断地在人类生活中扩散。

观察水的涟漪，对追溯人心理与生理疾病的源头是有益的，在这方面，医学领域、心理分析领域皆有所建树。探索心理疾病的根源就像在探索尼罗河的源头，需要漫长的过程，心理分析学家们和探险家们一样，跋山涉水、翻越重重瀑布，才找到源头处波澜不兴的大湖。科学家们若想对人的心灵缺陷和不成功的原因进行探索，就必须跨过直接的、可诠释的、已然被认知到的原因，直接追溯儿童的身心，那才是源头的湖泊。然而，若是我们想要来一场反方向的旅行，若原始社会时期谱写的历史新文引发了我们的兴趣，我们也可以将童年当作源处平静的湖泊，一路跋涉，顺着奔流不止的生命长河，不断地追溯探索，巍巍高山有河水涌下，泉眼之中有河水喷涌，它在弯曲的河道中艰难地穿行着，跨越障碍，驰骋深渊，无拘无束，除非它自己停止，否则就永远地奔涌向前。

如果让成年人的身心都倍感折磨的疾病真的源自童年，那么，我们一定能在儿童的生活中发现最原始的病征，并一步步认识到致病的全过程。另外，还有一个事实需要考虑，即所有重症与典型性疾病都源自轻症。治愈的人比因病而逝的人要多得多。若一个人病了，就代表他丧失了与肆虐的病毒对抗的能力，那么，只需对一种疾病进行分析，就能预防同类的所有疾病。

一些异常的情况是人身心失去健康的源头，就好像太空气候的改变会诱发潮涌一样。只要从水中提取少许的样本，就能检测出它是否适合饮用，如果样本被污染了，我们就能断定，所有的水都被污染了。同理，当我们发现许多人因疾病而死或精神失常时，也必须肯定，某种错误正折磨着整个人类。

这种论调并不新颖，早在摩西时代，人们就意识到，第一个犯罪的人用罪孽将全人类毁掉了。对尚未认识到它真实属性的人而言，原罪好像既不公正，也不合情理，因为它祸及了子孙后代。但是，我们亲眼见证了同类事情的发生，我们发现，人类发展过程中出现的某种错误导致了纯真儿童的不幸。在人类生活中，我们很容易就能找到引发错误的最根本的矛盾，但因为他们本身就是矛盾的一员，因为他们无法理解彼此，所以生活的基础被摧毁。这个谜题，令人费解。

由儿童与成年人之间的冲突引发的问题有很多，其中一些明显受到了他们彼此关系的制约。成年人发现，自己必须要完成某种复杂的使命，这种想法非常强烈，但他不可能转换自己的节奏、视野，中断自己的工作，刻意去迁就儿童。另外，儿童根本就适应不了日趋复杂、高压的成年人环境。我们可以假定生活是自然的、平和的、简单朴素的，对儿童来说，这就是最天然的庇护所。儿童发现成年人从事的工作非常简单，节奏也非常缓慢，他可以触摸包括身边的家畜在内的所有物品。他可以自由地选择自己要做的事情，没谁会反对。若是累了，就躺下来，在树荫下安睡。

然而，自然环境早就被文明缓缓地收回了，儿童们面对的始终都是狭窄的活动范围、过快的生活节奏和越来越多的障碍。成年人的生活节奏太快了，对儿童来说，这就是障碍；而且，儿童自然的庇护所也被机器卷起的旋风吹跑了。于是，儿童的生活陷入了被动。所谓照料儿童，实际上就是防止他被周围与日俱增的危险伤害到。如今，被奴役的儿童就仿佛孤独的避难者，非常的无助。谁也不愿意为他们提供一个舒服的、恰当的环境，他们的工作需要、活动需要被所有人忽略了。

第二十六章
工作本能

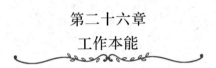

　　在儿童展现自身真正的个性前，谁也不知道是什么规律在支配他们的心理生活。不过现在，研究某种与人的诞生直接相关的"敏感期"已经成为科学界最具实践价值的活动之一。

　　儿童与环境之间日益密切的联系是其成长与发展的基础。原因就在于，除非不再受成年人支配，否则儿童根本就不可能"自由"发展，或者说，不可能形成自己的个性。儿童总能从与自身相适应的环境寻到有益发展的必要工具。很显然，类似的现象，在儿童断奶时出现过，母乳会被蔬菜、果汁、谷物等食品替代。换言之，母亲的乳汁不再是他们唯一的食物，外部环境成了他们摄取食物的途径之一。

　　空谈教育赋予儿童的自由，却不愿意赋予他独立活动的环境，是非常荒唐的做法。但是，环境准备是教育科学需要研究的课题，就像喂养儿童是保健科学的研究课题一样。现在的新教育是以环境准备为基础的，儿童已描绘出了环境最基础的原则且付诸实践。

工作是儿童正常化的途径，也是儿童最重要的个性展现。这一发现在教育领域、心理学领域都已被证实，作为实验对象的各个民族的儿童们，为我们提供了无数精准的资料。毫无疑问，一种充满生机的本能让儿童对工作满怀兴趣，因为他个性的形成有赖于工作，因为不工作他就不能正常发展。工作是不可替代的，它是人自我塑造的途径，身体的康健、情感上的爱护，都无法将它替代。同时，若工作的本能出现了偏差，树立榜样也好，惩戒也罢，都不可能让他痊愈。人自身的发展有赖于手的劳动，手在劳动过程中发挥着传达个人意志、展现个人智慧的作用，是自我的工具。一切都有利于他对环境的掌控。儿童有工作的本能，这意味着，工作的本能是人独有的，是天性。

人以工作为充分发展的源泉，儿童的新生与健康也以此为原则，但是，工作是儿童必要的成长手段，这一观点，为什么会被成年人否定？或许，原因就在于，在社会生活中，工作赖以存在的基础竟然是错误的。人身上依旧存在着被认为是某种退化特征的固有的、隐秘的工作本能：权力欲、漠然的态度、对成年人的依附、占有欲让它偏离正轨。如此情况下，工作职能以外部环境或偏离了正轨的人之间的争斗为基础，因此，它变成了一种强迫的劳动形式，成了许多心理障碍产生的根源，也因此，工作变得繁重、困难、令人憎恶。

然而，如果环境适宜，如果某种内在的冲动成为工作的原动力，那么，它表现出的特征将截然不同，即便是在成年人身上，也不例外。如此，工作将变成一项无法抗拒的、充满魅力的活动，在它的影响下，人会远离所有会导致心灵畸变的错误途径。类似的例子，在发明家的研究、艺术家的绘画、探险者的发现中也曾出现。换言之，为此而斗争的人类，不仅能获得超凡的伟力，还能以自己独有的方式展现自身的天赋本能。在这仿佛地球喷射的激流般强有力的本能的作用下，人将自我更新，文明也将因此获得真正的进步，因为工作是人的天赋本能，人类社会就是以它为基础建造的。毫无疑问，工作是人的典型性特征。人具不具备创造一种更舒适的生活环境的能力直接关系着人类文明的进步。

这种环境极具创造性，人在其中，为生活开辟了一条自然的道路，因为自然是被它超越了，而不是替代了，或许，可以用超自然来描述这种境界。这种境界逐渐被人所习惯，以致它竟成了他不可或缺的因素。

我们发现，无论是在文明史上，还是自然史上，都存在一个共同的、缓慢的、能促进新物种诞生的进化进程。诞生在水中，却生活在陆地上的两栖动物就是这种进化的例证。与之相近的是，开始时，人的生活是自然的，渐渐地，为了达到独自生活，人为自己缔造了一种超越自然的环境。现在，自然再也不是人类赖以生存的基础，自然界可见、不可见的力量都被人充分利用了起来，这种隐匿在宇宙能量之谜中的能量既隐秘又显而易见。

人的生活环境的转变，并不是从一种到另一种，也不是生机的转变，而是一种全新环境的缔造，而且，他对它的过度依赖竟导致他离开了这玄奇的造物就无法独自活下去。所以，他在一种人工的环境中生活。自然帮助了其他种族，却没帮助人。自然为鸟提供了建造巢穴的原材料和现成的食物，人却只能从他人那里得到自身所需的一切。所以，人类彼此依赖，所有人都以劳动的方式为人类生活的超越自然的环境做着贡献。

因为自身所需，人依赖他人，不过，从生活的角度来看，他仍是自己的主人，能随心所欲地生活。自然的变迁无法直接影响他，他与自然分离，能影响他的只有人的改变。因此，周围人格变得扭曲的人，对他来说，才是生活中真正的危险源。

证实儿童工作本能的存在和儿童个性的工作与自然之间彼此影响、彼此联结的密切关系，是件非常有趣的事情。无数事实表明，工作是人的天赋本能。在自然的敦促下，他凭借自身的能力缔造出了某种能够展现自身存在的事物，同时，也将缔造这些事物的目的显露人前。的确，觉得人无法与宇宙共享和谐的观点有悖逻辑，因为每一种生物都以物种独有的活动本能为依据为宇宙做着贡献。海岸被连续不断的海浪冲蚀，岛屿与陆地由珊瑚构架；采集花粉的昆虫成了植物繁衍的功臣；蚕吐出蚕丝，蜜蜂生产蜂蜜、提供蜂蜡，凡此种种。

生物的工作保障了地球的存续，生物有着广泛而必要的使命，它就仿佛那将地球紧紧包裹的大气层。确实，今时今日，地表繁多的生物已形成生物圈。生物既保全着自身，也为物种的存续提供了条件，而且，它们是地球不可或缺的一部分。实际上，动物的产出远超其生活所需，于是，在满足了生存的直接需要后，就出现了剩余。它们遵循着自然规律，它们为宇宙工作。总体而言，作为工作者的一员，尽管再优秀，人类也必须遵循外部的自然规律。因为人类的产出十分丰富，他为自己缔造的"超越自然"的环境就不仅仅是生存所需，还与某种宇宙秩序相适应，这一点显而易见。

　　人的个体需要是无法让工作如此完美的，它遵循的是某种玄奥的、本能的设计。儿童到成年人是一种非常自然的转变，因此，儿童的发展必与其主导本能紧密相连。

第二十七章
两种不同的工作

虽然我们要求儿童和成年人彼此相爱并和谐地生活在一起，但他们经常因为不了解对方而发生冲突，这从根本上摧毁了他们的生活。

这种冲突引发了许多不同的问题，其中一些显然与他们的关系有关。一方面，成年人在生活中有着复杂而强烈的使命感，这使得他越来越难以中断自己的工作，通过适应儿童的节奏和心理视角来满足儿童的需要；另一方面，孩子们也无法适应日益复杂和紧张的成人世界。与现代文明非自然的特征相反，我们可以想象古代人简单、宁静的生活，那时的孩子们可以在大自然中找到避难所。在这样一个社会里，工作是以和平的方式完成的，孩子被驯养的动物和其他他可以随意触摸的东西包围着，他不用担心遭到反对，可以做自己的事情。当他累了，就可以躺在树荫下睡觉。

然而，现代文明已经使自然环境慢慢退出了儿童的生活，一切都有序而迅速。儿童总是受到限制，除了成年人加快的生活节奏对儿童的发展造成了阻碍，机器的出现也像一阵旋风，将儿童最后的避难所席卷而去。儿童不再能够从事他应该从事的自然活动，人们对他的过度关心，主要是为了保护他免受生存危险，这种关注不断放大，导致对儿童的伤害增加。现在，儿童就像世界上的流浪者，无助又没有自由，没有人考虑为他们创造一个合适的环境，或者考虑他们的工作和活动的需要。

因为成年人与儿童的生活以两种截然不同的方式呈现着，所以，我们应该意识到，工作也好、社会问题也好，也存在着两种截然不同的形式。与此同时，我们还得明白，社会需要两种截然不同的工作方式，我们有必要对两种截然不同的社会问题进行思考。

成年人的工作

架构超自然环境是成年人的任务。他需要进行"生产劳动"，亦即，以智慧与活动为凭依，完成某种体力上的工作。一般说来，这是一种有组织的、每一个成年人都要完成的社会性劳动。

人之所以会从事某项社会工作，肯定有其既定目的，但这种目的，不能与组织社会的规范相违背。出于某个共同的目的，人们心甘情愿地遵守着社会规范。因为他们发现，秩序井然的、成效显著的社会离不开这样的规范。然而，除了必须遵守的社会生活规律和文化领域世代相传的某些规律，还存在着其他一些与人的自然天性相契合的基本规律。这些规律适用于所有人、所有年代。劳动分工是所有物种都在遵循的规律之一。对人类来说，这种分工同样不可或缺，因为他们的产品各不相同。另一条与作为工作者的个人相关的规律是劳动效益规律。在这条规律的影响下，人们总是试图用最小的付出换取最大的产出回报。这条规律十分重要，与其说尽可能少的劳动是它的期望，倒不如说以最少的付出获得同等的产出才是它的期望。取代人力劳作的机器化生产与这规律非常契合。

没有任何一条社会规律或自然规律是无效的。不过，因为能够被人支配的物质财富与生产财富并不是无限的，所以，这些规律并非普遍适用，所以，在渴望富有的愿望的促使下，竞争出现了。野兽为生存而搏斗，也是例证之一。

矛盾有很多，除了自然诞生的一部分，还有一些是源于个人心理的畸变。由此，自然分工被剥削性的劳动取代。强制性的劳动在劳动效益规律的影响下诞生，剥削者说："他们才是劳动者，让他们用劳动为我们创造利益吧。"所以，剥削披上了保护私有财产的外衣，堂而皇之地以原则的形式被确立。从本质上说，儿童是成年人社会的自然人，只是，他的存在常被成年人忽略。儿童的活动与社会生产无关，成年人的社会活动也与儿童无关。毋庸置疑的是，在成年人社会中，儿童无法参与社会劳动。若我们以铁匠用沉甸甸的铁锤锤打铁砧来描述体力劳动，那它显然不是儿童能从事的。若我们以科学家借助精密仪器完成某项困难的科学研究来描述脑力劳动，那在这方面，儿童显然也不可能有所贡献。或许，立法者们能够拟定的最佳法条就是：不能以儿童替代成年人。

所以，在成年人社会中，儿童是毫不相干的群体。在成年人建立的超自然的世界里，儿童就是陌生人。儿童诞生于成年人社会，却与社会格格不入，无法适应。他无法融入社会的组织体系，也不可能成为社会劳动的参与者，甚至，对既定的社会秩序而言，他存在的唯一作用就是破坏。儿童是家庭社会的根源，他不合群，还常常骚扰成年人。儿童生性好动，而且，不可能放弃这种天性，所以，他适应不了成年人社会的环境。

于是，成年人竭尽所能地压抑儿童。儿童被要求驯顺，不能打扰成年人，不能给成年人添麻烦。违法的人被囚禁在监狱里，儿童被送进学校、送进托儿所。在儿童可以以平静的态度在成年人世界生活之前，成年人会无限期地放逐他。那之后，社会才会真正地接纳儿童。然而，他必须做的第一件事就是，仿佛一个失去了公民权的囚犯一样，唯成年人之命是从。在成年人社会中，儿童毫无价值，因此，最关键的是，儿童必须将成年人当成主人或君王，必须无条件地遵循成年人的指令。

对出生时一无所有的儿童而言，强有力的成年人如同伟大的主，儿童所有的生活必需品都来自成年人。成年人缔造了儿童，成年人是儿童的统治者，成年人监护着儿童，同时，也能对儿童进行惩戒。任何一个人都不可能彻底地成为他人的附庸，除了完全依靠成年人的儿童。

儿童的工作

虽然儿童不是成年人工作的参与者，但他也会工作，也懂生产，他要完成的工作是成就人的工作，伟大、艰难、无比关键。无意识、孤独、孱弱、无助、无法站立、无法言语的新生儿最终会以无缺的形式长大成人。若他感知到的一切充盈了他的内心，让他的精神闪光，那也是因为他以前是个儿童。

在成长过程中，童年是不可替代的一个阶段，唯有儿童才能成长为成年人。超自然的成年人世界拒绝儿童的进入，儿童也拒绝成年人参与他们的"工作"、融入他们的"世界"。儿童所做的工作与成年人截然不同，它遵循的是另外一种秩序。实际上，人们甚至可以认为它们是彼此敌对的。儿童无法自主掌控心理玄奥的力量，他们的创造性活动多是在无意识的情况下完成的。然而，不可否认的是，这种工作确实极具创造性，看到它，我们会不由自主地想起《圣经》中造人的故事。然而，人到底是如何被创造的呢？本来一无所有的人是如何利用创造的手段来获得力量与智慧的呢？所有儿童身上，都展现着令人匪夷所思的事情的全部细节，我们该赞美它。每一天，我们都在亲眼见证奇迹。

每一个获得生命的个体，在降生的时候，都会经历其他所有人降生时曾经经历的事情。我们注意到，生命的永恒之源中从不见枯萎，所有的事物都在更新。所以，我们反复强调："成年人应以儿童为父"这一点，已经被实践证明。"父亲"凭借自身的潜能将隐秘的使命完成，这潜能，就是成年人的力量之源。儿童依靠潜能参与了真正的工作，换言之，只依靠休憩与冥想，他不可能长成一个成年人。恰恰相反，他持续地创造、不断行动、积极地投入工作，我们必须得明白，他也是在成年人正在使用的、被改造过的外部环境中完成他的工作的。运动是儿童成长的依靠。他在外部环境中用极具建设性的努力将真正的工作构架。

运动是儿童获得经验的手段。所以，他学着让运动变得协调，还将接触外界时感受到的情感精心培育。这些对他智慧的形成都是非常有益的。他专心致志地聆听他人谈话、努力做着所有自己能做的事情，勤勤恳恳，终于学会了说话；与此同时，通过不断努力，他学会了奔跑与站立。星星沿着无形却固定的轨迹以某种恒定的特性持续地运动着，成长中的儿童也仿佛学生一般，按照课程表，认认真真地工作。实际上，儿童需要经历不同的成长阶段，每个阶段都有预先设定的身高指标，我们可以随时测量，看儿童是否达标。我们也清楚，五岁和八岁时，儿童的智力水平需要用两个不同的数值来衡量。因为儿童遵循的成长计划是自然为他制订的，所以，我们完全可以预测出他十岁时智力几何、身高多少。凭借自身持续地工作、努力、挫败，获得经验；通过斗争、尝试，克服艰险，儿童渐渐完成了必须由他自己来完成的艰辛且关键的工作，并且一直更新着自身的完善形式。事实上，儿童与成年人有着完全不同的完善目标，成年人的目标是环境，儿童的目标是自身。在到达既定的目的地时，儿童始终在奔跑前行。所以，成年人需要依靠儿童来完善自己。

儿童是成年人的依赖。在各自不同的工作域中，成年人与儿童都充当着彼此的子嗣与侍从。成年人有属于自己的领域，儿童也有。所以，成年人是国王，儿童也是，只不过，他们统治的国家不同。这是社会的基本架构，因为如此，人类才能和谐共存。

两种工作的比较

因为实际存在于外部世界的事物与行动构成了儿童的工作，所以，可以有针对性地对它进行研究。儿童的工作遵从着一定的规则与方式，弄清这些后，就可以比较一下儿童与成年人工作的异同。成年人与儿童所处的环境不同，但他们的"工作"有些类似，都是作用于自身环境的、自发的、直接的、有意识的一种活动。这也是两者唯一的相似之处。两种工作要达到的是两种不同的目的，而且，目的不能直接获知并坚决抵达。哪怕是最低等的植物生命，也需要牺牲环境来保证自身的生存。然而，生命本就是能量的一种，凭着对外部环境的不断完善与更新，使自身能量恒定且保持着持续的创造力。譬如，珊瑚虫保护自己用的覆铠是提取自海水中的碳酸钙。通过不断创造，它们将自身所处的环境变成了一块全新的陆地，这就是它们的工作目标与最终目的，为此，它们摒弃了它们的直接工作，所以，研究新陆，并不能让我们掌握与珊瑚、珊瑚礁相关的各种知识。这种情况，在其他生物，特别是人身上，多多少少都有呈现。

所有儿童都是成年人创造活动的参与者，这一事实证明，儿童的最终目标是可视的、清晰的。但是，虽然我们可以对儿童进行全面的研究，了解与儿童相关的所有事情，包括他的细胞构成、他身体各项功能的所有细节，但是我们依旧察觉不到他的最终工作目标，即创造一个成年人。

虽然儿童与成年人有着不同的工作目标，但他们的工作都需要借助环境。

有的时候，自然界揭示隐秘的手段并不复杂。譬如，我们发现，昆虫的生产劳动成果之一，丝，昂贵的织品就是用这种带光泽的丝线编织的；还有，细脆的蛛丝织成的蛛网，人们总是急切地想要摧毁它。但是，吐丝的是蚕，换言之，还处在发育阶段的蚕不断地工作，于是有了丝；成年的蜘蛛不断工作，于是，蛛网产生了。通过这种比较，我们认识到，在谈及儿童的工作，并将它与成年人工作相对比时，我们描述的其实是两种目的截然不同、内容截然不同，却又同样真实的活动。

我们需要对儿童的工作特征进行了解。儿童并非是为了达成外部的某个目的而工作，他是为了工作而工作的。为了达到某个目的，他不断重复相同的练习，没有任何外部因素能影响他的目的。从儿童的反应来看，他之所以结束某项工作，并不是因为他累了，他工作的过程就是自我更新的过程，儿童的特征之一就是工作时总是精力满满。

我们可以说，工作满足了儿童的某种内部需要。这象征着心理的成熟。外部目标是不可分割的，或者说，是工作的原因与目的。通过对目标与目的的思考，它成了一种有益于内在活动实现的与众不同的道具。这类活动本身与活动目标联系并不紧密，就好像机械活动引发的机械反应一样，不过，心理的影响一定是存在的。的确，重复地工作是由某种认识引发的，完成动作、实现目的是工作不可或缺的两个方面。一切都意味着必然有非常复杂的动机影响着运动的形成。

儿童觉得必须重复完成某件事，并不是因为他想完善自己的外在，而是因为他要完成内心本质的构建。随着时光的流逝，儿童会表现出对重复运动的渴望，隐藏在精神胚胎中的固有的这种规律正是儿童的隐秘之一。

这意味着儿童与成年人工作时遵循的是两种不同的自然规律。劳动效益规律对儿童无效，相反地，他为了满足内在的某种需要、完善需要中的各个细节，不惜耗费大量，甚至是全部的精力。因此，外部行动与目的虽然也重要，但这种重要性只存在于偶发的情境中。儿童亟须完善的心理与环境之间存在这样一种令人瞩目的特殊关系，原因就在于，儿童的心理状态通过这种理念呈现在了成年人面前。外界的任何事物都不可能成为一个已经意识到自己升华了的人的依附目标，他只是在利用它们，以便在最恰当的时间完善自己的内心。相反，一个依旧在本来层次停滞的人，会不惜一切代价追求某种外部目标或事物，甚至会为此自残或罔顾性命，因为，他已被外部的目标或事物迷惑。

毫无疑问，成年人与儿童的工作，还存在另一个显而易见的差异，即儿童的工作并不以获利为目的，而且不寻求帮助。儿童必须凭自己的力量完成所有的工作。谁也不能替他工作、替他成长。儿童的成长也无法加速。实际上，童年的特征之一就是，必须按照某种预定的进程行动，遵循既定的计划，不能犯错，不可加速。

儿童活动的目的、原则与成年人截然不同。外部目的是成年人持续行动的动力，由此，他镇静、忘我、不知疲倦、毫无厌烦地工作着。若成年人工作时表现出的是一种游刃有余的状态，那么，儿童就必须努力地、尽可能好地去工作，以便让自己变得更加强大、有力。

儿童的发展有赖于敏锐的感受性的推动，发展中的儿童对智慧也额外偏爱。在这种爱的激励下，他不断认知着外部世界，百折不挠，所有源自外部事物的印象都恍若乳汁，滋养着他的精神，哺育着他内在的生命。也因此，认真持续的努力、耐心细致的努力、热情的促进力成了儿童心理活动的表征。

孩子不会对艰苦的工作感到厌倦。他通过工作成长，所以工作会让他的能量增加。孩子从来不要求减轻他的负担，而是一直坚持，直到将使命完成。他的生活是由"成长"组成的，因为如果他不工作，他的生活将枯萎和死亡。

憎恶工作的儿童力量不可能被增强，自身的发展也会停滞。工作是他发展的手段，也因此，他通过工作强化了能力。他从未提出过减轻工作的要求，恰恰相反，他希望能够展现自我，独立地展现自我。发展是他的命脉，他必须真正地行动起来，否则他的生命就会枯萎。

对这隐秘一无所知的成年人是理解不了儿童的工作的，事实上，一些成年人也从未对儿童的工作做过了解。因此，他成了儿童工作的阻碍者，他认为休息才是发展中的儿童最急需的。成年人为儿童做的所有事情，都是受花费时间最少、付出努力最少这一自然规律影响的，这是他劳动的基本规律。比起儿童，成年人行动更迅速，完成工作更熟练，所以，他帮儿童洗漱、穿衣服、脱衣服、喂食，抱/带儿童去外面散步，他为儿童安排着他的生活环境，却拒绝儿童插手。

一旦孩子得到一个小小的机会，他马上大喊："我要做这个！"但是，蒙台梭利学校里有对孩子友好的环境，孩子们会说："请让我自己来做吧！"这暴露了他们的内心需求。

这个悖论背后隐藏着多么严峻的事实啊！成年人必须用这种方式帮助孩子，使他能够在这个世界上完成自己的工作。这不仅揭示了儿童的需要，也揭示了这样一个事实：儿童应该被充满生命力的环境所包围。这种环境并非为了让儿童征服和享受，而是作为儿童完善其活动的手段和工具。很明显，这种环境要由了解儿童内在需要的成年人来准备。所以我们教育儿童的理念就是：不能为孩子代劳所有事情，也不能将孩子置于一个完全被动的环境中。

因此，仅仅为孩子准备大小形状适合他们需要的东西远远不够，成年人也必须接受帮助儿童的训练。

第二十八章
主导本能

我们注意到，自然界中存在着成熟与不成熟两种生命形态，两者迥然而异，甚至彼此对立。成年人的生活充满斗争。拉马克说，人类对环境的适应引发了斗争；达尔文说，斗争是物竞天择与自然选择的结果；他们都可能是对的。通过斗争，尤其是达尔文所说的斗争，不仅物种得以代代延续，而且还能借由性别之争来达到自然选择的目的。

可以将成年人与成年动物的生存境况进行比较。为了延续生命、免受外敌侵害，人必须不断地努力；为了适应环境，人选择劳动，当然，也会斗争，同时，爱也被激发了出来。达尔文从斗争与竞争中窥见了进化，即生物的自我完善与适者生存的铁律。唯物学派的历史学家们将人与人之间的斗争以同样的方式归入了进化的范畴。

在对人类史进行阐述的时候，成年人的种种活动成了我们能掌握的唯一素材。然而，这并不适用于自然界。处在发展阶段的幼小的生物才是诠释生命所展现的无数奇迹的关键。初时，所有的生物都很孱弱，无力去斗争，在所有适应性的器官出现之前，它们就已经存在了。任何一种生物，生命之初都是不成熟的。

所以，一定有另一种形式、资源、动力存在于生物内部，它们与成熟个体展现出的适应环境的表征完全不同。生命的关键就蕴藏在发展中的生物身上，所以，对它们的研究至关重要。源自成熟个体的一些经验只能对部分偶发的生物现象进行诠释。

生物的初期生活是自然界中最玄奇、最复杂的，通过研究，生物学家们弄清了其中秘密，他们发现，每一种生物都有着令人叹为观止的潜能，都能创造引人崇敬的奇迹。总而言之，自然界是诗意盎然的。生物学家们发现，在某种内在指导的影响下，生物会产生一种冲动，并凭借这种冲动，自我保全。生物有适应环境的本能，这种本能是直接的，而我们所说的内在指导，与这种本能不同，或许，应该称呼它为"主导本能"。

按照目的的不同，生物学上的本能可以划分为两个基础型，一种以自我保全为目的，一种以种族延续为目的。在物种或长期或短暂的反应中，这两种类型都会出现。譬如，个体与其所处环境之间暂时性的矛盾；同时，一些在自我保全过程中所必需的固有的、具有指导性的本能也存在于这两种类型之中。

譬如防御本能，它是与自我保全相辅相成的一种本能，受它的影响，生物遇到危险或遭遇敌对情境时，会本能地做出反抗。还存在一种持续时间不长、却与物种延续息息相关的本能，它是性别联合、性别冲突产生的根源。因为这些反应虽然短暂却异常剧烈与明显，所以成了生物学家们的首要研究对象。然而，与物种延续、自我保全相关的、长期性的本能才是人们关注的主要目标。这些与生命本身密切相关的本能，正是"主导本能"。

主导本能很少对外部环境做出反应，它就像人心中最纯粹的思维一般，是一种内在特性，并不像内在敏感性那般灵巧。我们可以视它为作用于生物内部的、具有推导性的思维，生物对外的所有行动与实现性计划都由它支配。因此，主导本能呈现出的并不是短暂性的、冲动型特征，反而是智慧的、知性的，在它的引导下，个体生命在时间的海洋中航行，并将物种的永恒跨越。

婴儿时期是生命的初创时期，这一时期内，主导本能给予了婴儿最直接也最令人震惊的引导与保护。这个时候，已经迈入充分发展之路的婴儿还很不成熟，还未显露属于他们的物种特征，无力量、无耐力、没有武器去参与生物之间的竞争，甚至还未获得生存之战的最终胜利。在此，担负着教育之责、充满母性的主导本能正隐秘地发生着作用，一如从无到有创造着的隐秘。它们捍卫了无力拯救自身，也不知该如何拯救自身的孤独孱弱的生命。

其中，有一种关于母性的主导本能。以法布尔为代表的生物学家们视它为物种保全的关键。在研究敏感期时，荷兰的生物学家德佛里斯还对另一种与个体成长有关的主导本能做了描述。

尽管女性是物种的繁育者，是幼体生命最重要的保护者，但不是母性的唯一拥有人。父母双方，甚至整个族群，都有着母性本能。深层研究发现，母性本能是一种玄奥的力量，不一定与现存的个体有关，它是为保护物种本身的存在性而存在的。

所以，在和物种存续相关的主导本能中，母性本能属于常见术语。母性本能是所有生物的共性。为了物种的存续，成年人可以暂时将自己的本能放弃。猛兽也会展现出非同寻常的耐心与温柔。为避难或觅食远离巢穴的飞鸟时时刻刻都在关注着自己的巢，它们宁可以其他方式来避难，也绝不迁徙。它们固有的物种本能陡然间便生了变化。无数物种为铸造一个有庇护作用的场所努力着。这种倾向，在其他任何时间都不会存在，因为只要长大了，它们就会用独属于自己的方式去适应自然环境。在保护物种存续的全新本能影响下，建造一个可供后代隐藏的地方，成了它们的工作目标。所有物种、所有生命个体都遵循着特定的指导。所有生物都不会将最先遇到的材料胡乱地堆砌起来，抑或只使用唯一一种适合自己的构架方式。从这方面来说，来自母性本能的指导既有针对性，又非常精准。

不同的鸟用不同的方式筑巢。昆虫的建造力更匪夷所思。譬如，建立在精准的几何线上、恍若王宫般的蜂房。为给后代筑造一个家，蜂群中的所有蜂都行动起来了。我们还发现了一些与勤劳有关的，并不壮烈，却很勤奋的例子。为抵御入侵者，蜘蛛织出了一张庞大的蛛网。但是，它蓦然意识到，自己不仅忽略了入侵者的需要，还忽略了自身的需求，于是，一项新的工作开始了。它用蛛丝编织了一个可以防水的双层小袋，小袋非常精致。蜘蛛一般都栖息在潮湿寒冷的地方，小袋就是用来防寒防潮的。它将卵产在袋中，它对小袋充满了浓浓的眷恋，发现小袋破损时，它会非常悲伤、非常痛苦，甚至因此死去。实际上，强烈的依附感与眷恋感已经让它产生了小袋就是它身体一部分的错误认知。所以，它将所有的爱都投注到了袋上，而非袋中的卵，或者卵中将要孵化的小蜘蛛上。小蜘蛛们被它彻底忽略了。在没有任何生物为直接目标对象的情况下，这位母亲遵循着母性本能，为物种服务着。所以，一种无可抵御的、无特定目标对象的本能一直都存在着，它遵从某种内在的指令，去完成必须完成的工作，爱着必须要爱的事物。

除了花蜜，蝴蝶一生不会食用任何其他食物，也不会被引诱。但是，它们不会将卵产在花上。另一种本能影响了它们。受一种与个体变化相适应的、觅食的本能的影响，它们开始去寻觅另一个与需要食物的全新的物种相契合的环境。蝴蝶不知道这种食物的存在，就像它从未意识到自己是由幼虫蜕变而来的一样。如此，昆虫天然就携带着某种有益于整个物种却又与单个个体毫不相关的自然指令。瓢虫会在叶片底端产卵，而非顶端，类瓢虫的昆虫们也遵循着这一习惯，如此，孵化后的幼虫既能得到保护，又能将叶片当成食物。许多非植食性昆虫身上都存在着一种与"智力思考"类似的迹象。因此，他们懂得一些"理论"，清楚哪些食物更适宜为后代补充营养，甚至对雨水与阳光带来的危险有所预见。

成体生命担负着保证物种存续的使命，为此，它们不断做出改变，持续改造着自我，好像在某个时期，支配它行动的某些规律竟停滞了下来，它期待奇迹被缔造，期待着这自然界最伟大的盛事。可以说，它后续的所有异乎寻常的活动，都是对奇迹的献礼。

实际上，毫无经验的新生儿完全能凭自己的力量适应外部环境，抵御外来伤害，这是自然界最耀眼的奇迹之一。在敏感期某些短暂的、限定的本能的辅助下，新生儿很好地完成了这一点。他们确实在本能的引导下克服了重重困难，以充沛而不能抵御的力量激发着自身的能量。自然界对新生儿的保护力度远大于成年人。自然界拥有属于自己的规律，并密切关注着规律的履行情况。成年人之间的合作不可以超越物种存续本能的界限。

就像我们看到的那样，成体的鱼/昆虫和初生的、新的鱼/昆虫的主导本能是截然不同且独立运作的，所以，父母与子女截然不同的主导本能之间本就毫无关联。只不过，在高等的动物族群中，两种本能实现了协调。作为主导本能之一的母性本能出现的时间与后代的敏感期重叠了，因此，儿童从母亲那里得到了爱，或者说一种母性关系在两者之间形成了，而且，这种关系还在有组织的族群中蔓延，于是，族群担负起了照料新生代的责任。我们发现，类似的现象，在群居类的昆虫，如蚂蚁、蜜蜂等身上也出现过。

物种的保护依赖的是某种正在发挥作用的主导本能，而非爱与牺牲。诞生于伟大的、极具创造性的生命实验中的主导本能决定着每一个物种的存续。照料后代是自然的指令，在这一过程诞生的感情，不仅能降低指令的完成难度，还能让遵循指令的成体生命感受到某种与众不同的乐趣。

如果我们能在相当短的时间对成年人世界进行全面的了解，那么，就可以说，支配世界的规律正被周期性地破坏着。因此，被认为永远不会改变的、具有绝对性的自然规律遭到了搁置。这些规律中断了自己的工作，停滞了下来，似乎神圣的它们正在为某些等级更高的事物让位。它们遵循着有悖于自身的一些规律。换言之，它们对出现在物种幼年时期的部分已更新的规律仍旧存疑，就这样，自然规律不断地被更新、被搁置，生命也由此不断地延续着。

现在，我们或许要面对一个问题，人是通过什么方式与自然规律相适应的？人是最高等的综合生物，所有出现在低等生物身上的自然现象，不仅集中出现在人身上，还被人超越了。更关键的是，人是有智慧的，通过与众不同的智慧，人的心理出现了糅合想象与情感的璀璨光辉。

但是，在成年人与儿童身上，生命的两种形式又是如何展现的呢？它们在哪些让人敬重的领域发挥着作用？事实上，生命的这两种形式并不显见。若要在人类世界中寻觅它们，我们便不得不强调，唯有成年人世界是以斗争、竭力适应并征服外部环境为工作目的的。除了生产与征服，在人类世界，其他所有活动似乎都不重要。竞争削弱了人类的努力，甚至让这种努力成了徒劳。成年人会以自己的生活逻辑观察并审视儿童的生活。在成年人眼中，儿童是异类、很无用、必须远离。他的"教育"方式就是，引导儿童，尝试着让他早早地步入与成年人相同的生活轨道。若有可能，他会如蝴蝶般，将幼虫的茧戳破，并命令它飞翔；抑或，如青蛙般，将蝌蚪从水中带到岸上，命令它呼吸，并试图将它黑黢黢的皮肤换成绿色。

成年人对待儿童的方式，与它们多多少少有些类似。成年人在儿童面前展现自己的无瑕与成熟，希望儿童效仿自己，将自己当作榜样。可他们不知道，儿童与成年人是不同的，他们需要不一样的环境，需要用另一种与众不同的方式来生存并适应生活。

在物质世界中，人是最高等的生命，进化度最高，人拥有智慧，能主宰环境，力量充沛，有着其他生物无与伦比的工作能力。但是，在与本身相关的一些问题上，人的认知竟出现了巨大的谬误。

人可以改变环境、建设环境、创造环境，但他为自己后代做的事情，甚至还不如蜜蜂及其他昆虫多。保全生命是主导本能中最高等、最基础的，人竟不具备这样的本能吗？人真的无法在依靠宇宙来维持物种延续这一令人惊异的现象面前自我辅助吗？或者说，真的能对这一现象视而不见吗？

人与其他生物的感觉应该是一致的。自然界中没有被毁灭的事物，只有被改变的事物，特别是，对宇宙起支配作用的那种能量，不可能被毁灭。它们一直都存在着，哪怕已经偏离了本身的既定对象。

作为建设者的人类应该在什么地方缔造一个适宜自己孩子生存的场所呢？儿童生活的地方应该是美丽的。在那里，任何外部需要都无法制约他，他能以艺术的形式展现自身最高尚的一面。在那里，有爱的冲动集聚，它的存在，与物质财富的诞生毫不相关。是不是有这样一个地方存在着，置身其间的人会感觉到，自己惯常的行为模式应该被抛弃，会意识到生活不应该以斗争为中心，生活中最重要的事情也不是通过挫败他人来获取生存的隐秘。难道真正的生活方式就是自控？难道就没有这样一个地方存在着，在那里，心灵希望将镣铐彻底砸碎，希望与外部联结紧密？难道对缔造新生活的奇迹诞生的急切渴盼竟不存在？同理，难道对超越个体、直达永恒的某样事物的追求竟不存在？唯有这样，拯救才有希望实现：若人不能舍弃自己矫揉造作的各种想法，就不可能相信这些。

随着孩子的出生，人会产生某种情感。人应该如其他生物一般，以自身为祭，放弃固有的行为模式，使生命得以永恒。

没错，在这个地方，人要做的只有净化，要保持自身的纯洁，而非去征服，所以，他渴望宁静，渴望纯真。这种净化后纯粹的宁静，让自我更新成了人新的追求，这种追求与摆脱重负、涅槃重生如出一辙。

的确，人应该有超越生活、摆脱平凡的伟岸抱负，这种声音是神圣且令人振奋的，其高声地召唤着，要求人们在儿童身边聚集。

第二十九章
以儿童为师

对主导本能的探索是当前最重要的研究课题之一。开始探索前，没有任何先验的经验供我们参考。在此，提出问题就是我们最主要的贡献。然而，提出问题不过是这条全新的探索之路的开端，迄今为止，我们仅仅证明了确实存在主导本能，并为进一步研究它指出了一条道路，成果寥寥。唯有正常化的儿童，即在与他们的发展相契合的环境中自由成长才有可能成为研究对象。一种属于人的、全新的个性在这种情境下被清晰地呈现，并表现出了它正常的特征，这毋庸置疑。

数不尽的经验为我们将某一真理展现。这一真理，具有非常重要的教育意义与社会意义。很显然，若存在一种与我们的认知迥然而异的人性本能，那么，就必然存在着一种与我们的认知迥然相异的社会组织。然而，除了教育，正常化的成年人社会通过其他任何途径都无法获取。仅凭少部分改革家的能力与理论，不可能推动这样的社会变革，唯有自旧世界中浮现的、缓慢成长的、属于儿童与少年的、全新的世界才有此能力。在这全新的世界中，不断有新的发现，源于自然的、可以引导社会走向正常化道路的某些本能倾向也在缓缓地呈现。假定因压抑儿童而导致的严重的世界弊病竟能通过理论改革或者凭借个人能力消除，无疑是愚蠢的。儿童的发展若不能遵循自然规律，儿童的心理若一直被畸变折磨，那他就不可能正常。儿童身上隐藏着一种有益于人发展的能量，只是人们还没发现它。

现在，是时候重申"自我了解"这个概念了。各种在身体健康领域做出过卓越贡献的生物科学都是在这一名言的激励下，借助现代医学与卫生学成功萌芽的，这是一种文明向着更高等级发展的象征。尽管人在卫生领域取得了不小的建树，可是，对心理，却仍一无所知。通过解剖尸体，人类初步了解了自己的身体；通过研究新生儿，人类初步认识了自己的心理。可以说，对新生儿的研究是文明进步不可或缺的一环。若儿童的正常化问题在教学实践中被忽视，那么，任何社会问题都不可能被解决。因为儿童的正常化是改善教育的基础。这不仅意味着无解的教育难题，还意味着儿童自我的丧失。更重要的是，人们并不希望看到这种匪夷所思的结果出现。

这个概念同样适用于成年人。"自我了解"确实昭示着成年人面临的一个问题，即对人的心理发展起引导作用的玄奥规律的认知。不过，这个问题已经被儿童解决了，一条现实的道路早就开辟了出来。事实上，这也是解决这个问题的唯一方法。

权力欲、占有欲是心理畸变的表现，出现畸变的人会在某种利益中沉沦。在被正确认知之前，这些利益或许会成为生活中的危险源。因此，任意一种利益、发明、发现都可能为世界增添罪恶。我们能够看到，给社会带来巨大收益的机器，象征着进步与升级的所有发现，都可以被用于战争、破坏，或者成为私人的牟利工具。因为新交通工具的出现，社会中的危险因素越来越多；因为物理、生物、化学领域的种种发现，野蛮的暴行频频出现。在正常化成为社会生活必需的基础之前，我们不能对外部世界寄予希望；唯有正常化成为社会的基础需求之后，物质的进步才能促进文明的进步，带给人们真正的幸福。

因此，儿童就是未来的我们必需的生活灯塔。所有以实现某种社会利益为目标的人都该对儿童有所关注。既要帮助他从心理畸变的状态中脱离，又要通过它、对潜藏在生命中的、真正的隐秘进行了解。如此，我们就必须得注意，儿童身上本就藏匿着与自身相关的人性隐秘，它是玄奥的，也是强有力的。

第三十章
儿童的权利

　　儿童真正引起社会关注，是在本世纪初①。那之前，照料儿童的责任全部是由家庭承担的。能给他提供保护的，只有他父亲的威权，这种习俗，多少都带着两千年前的罗马律法的影子。漫长的岁月促进了文明的进步，以成年人为服务对象的律法也略有改进。然而，社会依旧缺乏对儿童的保护。儿童得到的所有帮助，无论是物质上的、道德上的，还是智慧上的，全都来自他的家庭。社会不会为任何一个出身贫寒的儿童负责。哪怕是现在，社会也未要求家庭必须做好关心儿童成长的准备。在国家律法的制定过程中，人们审慎地考究着每一条细则，热切地订立与权力相关的条文，却对父母对子女的保护义务及提供适宜的环境帮助子女发展的义务则漠不关心。它并未在承担

----

　①　即20世纪初。

责任方面给予准父母们一丝一毫的指导。国家对家庭的考量，就是一纸证书或一场婚礼。

这一切让我们断定，对被自然赋予了发展人性这一伟大任务的幼儿，社会抱持的是非常冷漠的态度。社会赋予成年人海量的利益，与之相比，被忽略、被放逐的儿童似乎并不是人类社会的一分子。儿童的的确确就是受害者，但社会并未意识到这一点。

事实上，在19世纪中后期，与儿童相关的一些医学研究就已经证明，儿童被社会牺牲了。彼时，没有专家以儿童为研究对象，也没有专门的儿童医院，被抛弃的儿童的处境比现在要严酷得多。统计发现，出生后第一年，儿童的死亡率居高不下，这一事实，彻底惊醒了昏昏沉睡的成年人。这些数据代表着，一个家庭，或许会有很多儿童出生，但能活下去的却非常少。幼儿的夭折好像是理所当然的，以致失去孩子的家庭常用孩子已奔赴天国这样的理由来自我安慰。因成年人的无知与照料不当而死去的幼儿实在是太多了，多到人们竟误以为他们的死亡是件很正常的事情。

这一事实被发现后，一场以激发父母的爱心、提升个人意识为目的的运动开始出现并被广泛地拓展开来。父母们这才知道，赋予并捍卫子女的生命，都是他们的责任。父母得到了科学的指导，为了更好地照料子女，他们必须学习新知识和接受必要的教育培训。

然而，给儿童带来痛苦的并不是只有家庭。一项学校调查证实了这一点。19 世纪终末的十年，"工业病"成了医学领域新的研究课题，社会卫生学也以此为基础迅速发展。人们发现，儿童不仅会因卫生常识的缺乏患上各种传染病，还会患上一种与"工业病"有些类似的疾病。学校是儿童的工作场所。在学校，他们同样遭受着痛苦，而这痛苦，是社会强加于他的。长时间伏案书写/阅读让儿童脊椎收缩、胸腔狭窄，极易患上肺结核。长时间在昏暗的环境中阅读，让儿童眼睛近视。被长期拘束在狭小、拥挤的环境中，让儿童的身体日益孱弱。

但是，痛苦的不仅仅是儿童的身体，还有他的精神。因为强迫性学习，儿童的性格变得沉闷、胆怯，他开始厌学，懒惰、沮丧、忧伤、自卑、养成坏习惯，并丧失童年的乐趣。

这一点，儿童的家庭全然无知。父母只对子女的考试成绩感兴趣，希望他能快速学习，如此，便能省下不少金钱与时间。他们对学习和文化知识的获得无动于衷，只对社会强加的职责、无力背负的花费和社会的指令做出反应。因此，在他们看来，在最短的时间内帮助子女获得一张社会通行证才是最重要的事情。

通过调查，我们发现了一些发生在部分在校儿童身上的十分有趣的事实。早晨到校前，许多儿童已经被劳动折磨得疲惫不堪。儿童们要跋涉数英里给人送牛奶，帮家里干活，到街上去卖报纸，做完这些，才来上学。所以，到校时，他们很累，也很饿。因为上课走神、听不懂教师在讲什么，这些儿童常被教师惩罚。惩罚是出于责任感，也是为了捍卫自己的权威，教师们总是试图用惩罚的方式将儿童的兴趣唤醒。儿童若不服从，就会被教师威胁；在同伴们面前，他被教师肆意羞辱，被指斥为意志薄弱或能力不足。家庭的压制、学校的惩戒将这些倒霉的儿童的精力全部耗空了。

这种不公正的状况通过早期的调查被社会熟知，引发了非常激烈的反响。学校被要求整改，相关法规也以最快的速度做了修订。一个全新的、至关重要的医学分支——校园卫生学出现了。每一个改革中的文明国家的校园都因此受益。医生、教师都在为学生的健康努力着。可以说，这是社会对并未被认知的、发生在人性领域的谬误的第一次纠正，是社会补偿儿童的第一步。

如果我们对这一与历史进程相适应的、最初的觉醒进行回顾，就会发现，儿童的权利依旧不被承认，也没人注意到儿童权利的重要性。成年人希望以他为榜样、按照他的生活方式来生活，且沉迷其中。存在于成年人身上的令人震惊的盲目性好像根本就无法治愈。这种盲目已成为一种普遍的心理现象，或许，它是和人类一样的古老存在。

从古至今，教育的意义一直等同于惩戒。让儿童变成成年人的附属，取代自然，取代生命规律，贯彻成年人自己的意志、实现成年人的目标，才是教育真正的目的。不同民族惩戒儿童的方式各有不同。私立学校的惩戒方法一般来说都是固定的。譬如，给儿童戴一双驴子的耳朵；将一块令人难堪的牌子挂在儿童脖子上；让儿童被所有路人羞辱、嘲讽。还有一些针对肉体的惩戒方式，譬如，当众鞭笞儿童，裸露膝盖罚跪，或者面壁罚站数小时。现在，在家庭惩戒与学校惩戒双管齐下的理论影响下，惩戒儿童的方式也被巧妙地改进了，不再野蛮。教师要求儿童将被惩戒的事实告知父亲，于是，已经被惩戒过的儿童回家之后还得面对父亲的数落与惩罚，之后，父亲又写了一张便条，让儿童带回学校，以示自己知道儿子犯错了，也指责过他了。

如此，儿童发现，他得不到任何庇护。怎样的法庭才能给予他帮助？囚犯都有申诉的权利，儿童却没有。他苦恼时，连只有安慰作用的庇护所都找不到。学校认为儿童应被惩戒，家庭也是，若不惩戒，教育的作用就会减弱。然而，学校不应该成为提醒者，不应成为家庭惩戒的源头。研究表明，哪怕是现代，任何一个国家的儿童都不可能逃脱来自家庭的惩戒。他们被侮辱、被鞭笞、被喝骂、被驱赶、被禁闭、被掌掴，甚至被以更严重的惩罚来威胁，成年人不允许他们和小伙伴们玩耍，不允许他吃糖和水果，而这些，恰恰是承受了无数痛苦的儿童能得到的唯一庇护与补偿。不许进食、不许睡觉也是惩戒的一种，于是，漫漫长夜，儿童只好忍着饥饿独自伤怀。

尽管教养良好的人对这种惩戒方式越来越抵触，但这不意味着它已经消失了。父母依旧会高声训斥子女，习惯性地威胁他们。习惯让人们误以为，惩戒儿童是成年人的正当权利，父母掌掴子女没什么不对。

但是，因为体罚被认为是对成年人的侮辱、是社会的倒退，所以，体罚成年人的情况早就消失了。我们忍不住要问，虐待和羞辱儿童难道不是世间最卑劣的行径吗？在这方面，人心始终保持着漠然，这很明显。

仅凭个人的努力与心灵的激情是无法推动文明进步的。一股无形的、巨大的、机械的社会力量推动着它，不屈不挠，矢志向前，不被个人情感左右。

社会仿佛一列驶向遥远之地的列车，车速快得令人眩晕，构成社会的每一个个体都是车厢中的旅客。旅客在沉睡，他们的良心也随之陷入沉睡，这种沉睡阻碍了社会的进步，若不然，人日益增强的自尊与越发高速的交通工具之间，就不可能存在如此危险的差异，社会就会疾速进步。将因沉睡而丧失情感的人性唤醒，强迫他去聆听召唤的声响，是社会变革的第一步，也是最难完成的一步。现在，社会应该对儿童和他的重要性进行全面的认知，并以最大的诚意帮助儿童脱离危险的深渊。人们必须为儿童构建一个与他的需要相契合的世界，社会应该认同儿童的权利。但是，社会做得最错的一件事就是将本应用在儿童身上的钱财挥霍掉了。如此，被毁灭的便不仅仅是儿童，还有社会本身。

儿童祖传的财产被作为监护人的成年人肆意浪费着。成年人将本应分配给子女的绝大部分财产都用在了自己身上。哪怕是如昆虫般的低等生命，也懂得这一生命本身就存在的真理。蚂蚁为何储藏食物？鸟儿为何要将寻到的食物带回巢穴？成年人只顾自身、不顾后代的作为显然不是从自然界中学来的。成年人为儿童做的唯一一件事，就是庇护了他的身体。浪费，导致社会财富短缺，学校，特别是为人类的生命之种提供庇护的幼儿园，就成了社会的提款机。学校的钱财被任意支取，是因为无人愿意站出来帮学校辩护。人类最大的原罪、最严重的谬误，莫过于此。社会根本就没考虑过，支取学校的钱财投入战争，最后的结果可能是双重的毁灭。一重毁灭是死亡，另一重毁灭是阻碍生命的发展，双重毁灭，同出一源。因为没为捍卫自己的生命健康付出过任何的努力，人开始畸形成长。所以，不为自己，只为孩子，成年人也必须再次组织起来，必须高声要求一种已被固有的盲目，但只要去证实，权力就不可能被怀疑。若作为监护人的社会完全不可靠，那从现在开始，它就必须将应该被儿童继承的财产和他们应得的公正归还儿童。

父母的使命

父母只是儿童的监护人，而非创造人。他们需要保护儿童，给儿童以关怀，必须将这视为一项意义深远的、凌驾于物质生活的理论与乐趣之上的神圣使命。在儿童眼中，作为监护人的成年人是一种超自然的存在。自然界赋予了父母崇高的使命与深挚的爱，父母们必须要明白，这种亟须净化的爱是无私的、深切的，是一种有意识的情感表达，不容懈怠。世界范围内，有无数人在为儿童权利的合法化在斗争，这是一个社会问题，父母们应该对它有所关注。

最近这些年，人权，尤其是工人的权利，受到了广泛的关注。如今，儿童的社会权利也是时候被提起了。社会的变革之所以会以工人权利的变更为基础，是因为劳动是人生存的保障。从全局的角度来看，这是与人的物质生活息息相关的一个问题。可是，若工人的工作创造了消费品，创造了物质财富，那儿童的工作创造的就是人类自己，所以社会更应该认同他的权利。社会应该给予儿童无微不至的关怀，如此，才能从儿童那里获得增强未来人性的巨大力量与价值，这一点，显而易见。

但是，实际上，儿童被忽略了、忘记了，他们承受着折磨，甚至被扼杀；换言之，人们对儿童的价值、力量、基础特征依旧一无所知。这一事实给人类带来的刺激是非常强烈的，强烈到人类竟因此觉醒了。

父母们全都是伟大使命的担负者。只有他们能够拯救自己的孩子，也必须拯救自己的孩子，因为有组织的社会为他们提供了力量，因为和儿童生活在一起的他们通过行动来实践使命。父母们必须得明白自然交托给他们的到底是一项怎样的使命，这一使命让他们凌驾于社会之上，让他们成为物质环境的掌控者，因为，人类的未来的确掌握在他们手中。如果他们不做这些该做的事情，就会成为彼拉多那样的人。

彼拉多本可以救耶稣，但他没有，他未能阻止一群受古老偏见驱使的暴徒夺走救世主的生命。

像彼拉多一样，父母现在听任他们的孩子受到社会习俗的伤害，好像这难以避免。如果有为孩子们争取的声音，就能保护他们。它是爱的声音，爱的力量，是孩子父母的人权。

　　正如爱默生所说，孩子们就像是救世主，他降临人间，带领人们重返天堂。